COLLECTION

COMPLETTE

DES ŒUVRES

DE

M. L'ABBÉ DE CONDILLAC.

AVERTISSEMENT.

L E *Cours d'Étude* fera la derniere partie de cette Collection. Les autres Ouvrages de l'Auteur commenceront à paroître cette année, avec des changemens eſſentiels, mais ſans augmentation.

LA LOGIQUE,

OU

LES PREMIERS DÉVELOPPEMENS

DE L'ART DE PENSER;

OUVRAGE élémentaire, que le Conseil prépofé aux Écoles Palatines avoit demandé, & qu'il a honoré de fon approbation.

Par M. l'Abbé DE CONDILLAC.

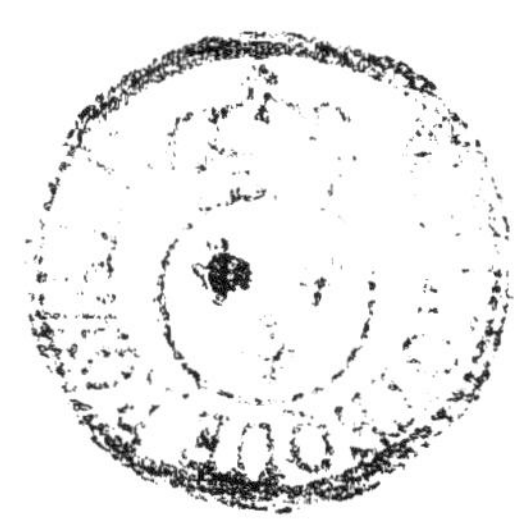

A PARIS,

Chez {
L'ESPRIT, Libraire, au Palais Royal.
DEBURE l'ainé, Libraire, Quai des Auguftins.
}

M. DCC. LXXX.

AVEC APPROBATION, ET PRIVILEGE DU ROI.

TABLE

DES CHAPITRES CONTENUS DANS CET·OUVRAGE.

SECONDE PARTIE.

Fin de la Table.

LA

LA LOGIQUE,

O U

LES PREMIERS DÉVELOPPEMENS

DE L'ART DE PENSER.

OBJET DE CET OUVRAGE.

IL étoit naturel aux hommes de suppléer à la foiblesse de leurs bras par les moyens que la nature avoit mis à leur portée ; & ils ont été mécaniciens avant de chercher à l'être. C'est ainsi qu'ils ont été logiciens : ils ont pensé avant de chercher comment on pense. Il falloit même qu'il s'écoulât des siecles pour faire soupçonner que la pensée peut être assujettie à des loix ; & aujourd'hui le plus grand nombre pense encore sans former de pareils soupçons.

A

Cependant un heureux inſtinct, qu'on nommoit *talent*, c'eſt-à-dire, une maniere de voir plus ſûre & mieux ſentie, guidoit à leur inſçu les meilleurs eſprits. Leurs écrits devenoient des modeles ; & on chercha dans ces écrits par quel artifice, inconnu même à eux, ils produiſoient le plaiſir & la lumiere. Plus ils étonnoient, plus on imagina qu'ils avoient des moyens extraordinaires ; & l'on chercha ces moyens extraordinaires quand on auroit dû n'en chercher que de ſimples. On crut donc bientôt avoir deviné les hommes de génie. Mais on ne les devine pas facilement : leur ſecret eſt d'autant mieux gardé, qu'il n'eſt pas toujours en leur pouvoir de le révéler.

On a donc cherché les loix de l'art de penſer où elles n'étoient pas ; & c'eſt là vraiſemblablement que nous les chercherions nous-mêmes, ſi nous avions à commencer cette recherche. Mais en les cherchant où elles ne ſont pas, on nous a montré où elles ſont ; & nous pouvons nous flatter de les trouver, ſi nous ſçavons mieux obſerver qu'on n'a fait.

Or, comme l'art de mouvoir de grandes maſſes a ſes loix dans les facultés du corps, & dans les leviers dont nos bras ont appris à ſe ſervir, l'art de penſer a les ſiennes dans les facultés de l'ame, & dans les leviers dont notre

C'eſt une comparaiſon de Bacon.

efprit a également appris à fe fervir. Il faut donc obferver ces facultés & ces leviers.

Certainement un homme n'imagineroit pas d'établir des définitions, des axiomes, des principes, s'il vouloit, pour la premiere fois, faire quelque ufage des facultés dé fon corps. Il ne le peut pas. Il eft forcé de commencer par fe fervir de fes bras : il lui eft naturel de s'en fervir. Il lui eft également naturel de s'aider de tout ce qu'il fent pouvoir lui être de quelque fecours, & il fe fait bientôt un levier d'un bâton. L'ufage augmente fes forces : l'expérience, qui lui fait remarquer pourquoi il a mal fait, comment il peut mieux faire, développe peu à peu toutes les facultés de fon corps, & il s'inftruit.

C'eft ainfi que la nature nous force de commencer, lorfque pour la premiere fois nous faifons quelque ufage des facultés de notre efprit. C'eft elle qui les regle feule, comme elle a d'abord réglé feule les facultés du corps ; & fi dans la fuite nous fommes capables de les conduire nous-mêmes, ce n'eft qu'autant que nous continuons comme elle nous a fait commencer, & nous devons nos progrès aux premieres leçons qu'elle nous a données. Nous ne commencerons donc pas cette *Logique* par des définitions, des axiomes, des principes : nous commencerons par obferver les leçons que la nature nous donne.

Dans la premiere Partie, nous verrons que l'analyfe eft une méthode que nous avons apprife de la nature même ; & nous expliquerons, d'après cette méthode, l'origine & la génération, foit des idées, foit des facultés de l'ame. Dans la feconde, nous confidérerons l'analyfe dans fes moyens & dans fes effets, & l'art de raifonner fera réduit à une langue bien faite.

Cette Logique ne reffemble à aucune de celles qu'on a faites jufqu'à préfent. Mais la maniere neuve dont elle eft traitée, ne doit pas être fon feul avantage ; il faut encore qu'elle foit la plus fimple, la plus facile & la plus lumineufe.

PREMIERE PARTIE.

Comment la nature même nous enseigne l'analyse ; & comment, d'après cette méthode, on explique l'origine & la génération, soit des idées, soit des facultés de l'ame.

CHAPITRE PREMIER.

Comment la nature nous donne les premieres leçons de l'art de penser.

Nos sens font les-premieres facultés que nous remarquons. C'est par eux seuls que les impressions des objets viennent jusqu'à l'ame. Si nous avions été privés de la vue, nous ne connoîtrions ni la lumiere, ni les couleurs : si nous avions été privés de l'ouïe, nous n'aurions aucune connoissance des sons : en un mot, si nous n'avions jamais eu aucun sens, nous ne connoîtrions aucun des objets de la nature.

La faculté de sentir est la premiere des facultés de l'ame.

Mais, pour connoître ces objets, suffit - il d'avoir des sens ? Non sans doute ; car les mêmes sens nous font communs à tous, & cependant

nous n'avons pas tous les mêmes connoiſſances.
Cette inégalité ne peut provenir que de ce que
nous ne ſçavons pas tous faire également de
nos ſens l'uſage pour lequel ils nous ont été
donnés. Si je n'apprends pas à les régler, j'ac-
querrai moins de connoiſſances qu'un autre ; par
la même raiſon qu'on ne danſe bien, qu'autant
qu'on apprend à régler ſes pas. Tout s'apprend,
& il y a un art pour conduire les facultés de l'eſprit, comme il y en a un pour conduire les facultés du corps. Mais on n'apprend à conduire
celles - ci que parce qu'on les connoît : il faut
donc connoître celles - là, pour apprendre à les
conduire.

Les ſens ne font que la cauſe occaſionnelle des
impreſſions que les objets font ſur nous. C'eſt
l'ame qui ſent ; c'eſt à elle ſeule que les ſenſations appartiennent ; & ſentir eſt la premiere
faculté que nous remarquons en elle. Cette faculté ſe diſtingue en cinq eſpeces, parce que
nous avons cinq eſpeces de ſenſations. L'ame
ſent par la vue, par l'ouïe, par l'odorat, par
le goût, & principalement par le toucher.

Dès que l'ame ne ſent que par les organes du
corps, il eſt évident que nous apprendrons à
conduire avec regles la faculté de ſentir de notre
ame, ſi nous apprenons à conduire avec regles nos
organes ſur les objets que nous voulons étudier.

Nous la ſçau-
rons régler,
quand nous
ſçaurons ré-
gler nos ſens.

Mais comment apprendre à bien conduire ſes ſens ? En faiſant ce que nous avons fait lorſque nous les avons bien conduits. Il n'y a perſonne à qui il ne ſoit arrivé de les bien conduire, quelquefois au moins. C'eſt une choſe ſur laquelle les beſoins & l'expérience nous inſtruiſent promptement : les enfans en ſont la preuve. Ils acquierent des connoiſſances ſans notre ſecours ; ils en acquierent malgré les obſtacles que nous mettons au développement de leurs facultés. Ils ont donc un art pour en acquérir. Il eſt vrai qu'ils en ſuivent les regles à leur inſçu ; mais ils les ſuivent. Il ne faut donc que leur faire remarquer ce qu'ils font quelquefois, pour leur apprendre à le faire toujours ; & il ſe trouvera que nous ne leur apprendrons que ce qu'ils ſçavoient faire. Comme ils ont commencé ſeuls à développer leurs facultés, ils ſentiront qu'ils les peuvent developper encore, s'ils font, pour achever ce développement, ce qu'ils ont fait pour le commencer. Ils ſe ſentiront d'autant plus, qu'ayant commencé avant d'avoir rien appris, ils ont bien commencé, parce que c'eſt la nature qui commençoit pour eux.

C'eſt la nature, c'eſt-à-dire, nos facultés déterminées par nos beſoins : car les beſoins & les facultés ſont proprement ce que nous nommons la nature de chaque animal ; & par-là nous ne

A iv

Nous ſçaurons régler ceux - ci, quand nous aurons remarqué comment nous les avons bien conduits quelquefois.

C'eſt la nature, c'eſt-à-dire, ce ſont nos facultés déterminées par nos beſoins, qui voulons dire autre chofe, finon qu'un animal eft né avec tels befoins & telles facultés. Mais parce que ces befoins & ces facultés dépendent de l'organifation, & varient comme elle, c'eft une conféquence que par la nature nous entendions la conformation des organes : & en effet, c'eft là ce qu'elle eft dans fon principe.

Les animaux qui s'élevent dans les airs, ceux qui ne vont que terre à terre, ceux qui vivent dans les eaux, font autant d'efpeces qui, étant conformées différemment, ont chacune des befoins & des facultés qui ne font qu'à elles, ou, ce qui eft la même chofe, ont chacune leur nature.

C'eft cette nature qui commence; & elle commence toujours bien, parce qu'elle commence feule. L'Intelligence qui l'a créée l'a voulu; elle lui a tout donné pour bien commencer. Il falloit que chaque animal pût veiller de bonne heure à fa confervation : il ne pouvoit donc s'inftruire trop promptement, & les leçons de la nature devoient être auffi promptes que fûres.

Un enfant n'apprend que parce qu'il fent le befoin de s'inftruire. Il a, par exemple, un inté-rêt à connoître fa nourrice, & il la connoît bientôt : il la démêle entre plufieurs perfonnes; il ne la confond avec aucune; & connoître n'eft que cela. En effet, nous n'acquérons des connoifsances qu'à proportion que nous démêlons une plus grande quantité de chofes , & que nous remarquons mieux les qualités qui les diftinguent : nos connoiffances commencent au premier objet que nous avons appris à démêler.

Celles qu'un enfant a de fa nourrice ou de toute autre chofe , ne font encore pour lui que des qualités fenfibles. Il ne les a donc acquifes que par la maniere dont il a conduit fes fens. Un befoin preffant peut lui faire porter un faux jugement, parce qu'il le fait juger à la hâte ; mais l'erreur ne peut être que momentanée. Trompé dans fon attente , il fent bientôt la néceffité de juger une feconde fois , & il juge mieux : l'expérience, qui veille fur lui, corrige fes méprifes. Croit-il voir fa nourrice, parce qu'il apperçoit dans l'éloignement une perfonne qui lui reffemble ? Son erreur ne dure pas. Si un premier coup d'œil l'a trompé , un fecond le détrompe , & il la cherche des yeux.

Ainfi les fens détruifent fouvent eux-mêmes les erreurs où ils nous ont fait tomber : c'eft que fi une premiere obfervation ne répond pas au befoin pour lequel nous l'avons faite , nous fommes avertis par-là que nous avons mal obfervé , & nous fentons la néceffité d'obferver de nouveau. Ces avertiffemens ne nous manquent jamais , lorfque les chofes fur lefquelles

Comment la nature l'avertit de fes méprifes.

nous nous trompons, nous font abfolument néceffaires : car, dans la jouiffance, la douleur
vient à la fuite d'un jugement faux, comme le
plaifir vient à la fuite d'un jugement vrai. Le
plaifir & la douleur, voilà donc nos premiers
maîtres : ils nous éclairent, parce qu'ils nous
avertiffent fi nous jugeons bien, ou fi nous jugeons mal ; & c'eft pourquoi, dans l'enfance,
nous faifons fans fecours des progrès qui paroiffent auffi rapides qu'étonnans.

Pourquoi elle ceffe de l'avertir.

Un art de raifonner nous feroit donc tout-à-
fait inutile, s'il ne nous falloit jamais juger que
des chofes qui fe rapportent aux befoins de premiere néceffité. Nous raifonnerions naturellement bien, parce que nous réglerions nos jugemens fur les avertiffemens de la nature. Mais à
peïne nous commençons à fortir de l'enfance,
que nous portons déja une multitude de jugemens, fur lefquels la nature ne nous avertit plus.
Au contraire il femble que le plaifir accompagne
les jugemens faux comme les jugemens vrais, &
nous nous trompons avec confiance : c'eft que
dans ces occafions la curiofité eft notre unique
befoin, & que la curiofité ignorante fe contente
de tout. Elle jouit de fes erreurs avec une forte
de plaifir ; elle s'y attache fouvent avec opiniâ-
treté, prenant un mot qui ne fignifie rien, pour
une réponfe, & n'étant pas capable de recon-

noître que cette réponse n'est qu'un mot. Alors nos erreurs sont durables. Si, comme il n'est que trop ordinaire, nous avons jugé des choses qui ne sont pas à notre portée, l'expérience ne sçauroit nous détromper ; & si nous avons jugé des autres avec précipitation, elle ne nous détrompe pas davantage, parce que notre prévention ne nous permet pas de la consulter.

Les erreurs commencent donc lorsque la nature cesse de nous avertir de nos méprises ; c'est-à-dire, lorsque jugeant des choses qui ont peu de rapport aux besoins de premiere nécessité, nous ne sçavons pas éprouver nos jugemens, pour reconnoître s'ils sont vrais ou s'ils sont faux (*Cours d'Etude, Hist. anc. L. 3, c. 3.*) [a].

Mais enfin, puisqu'il y a des choses dont nous

---

[a] Pour apprendre un art mécanique, il ne suffit pas d'en concevoir la théorie, il en faut acquérir la pratique : car la théorie n'est que la connoissance des regles ; & l'on n'est pas mécanicien par cette seule connoissance ; on ne l'est que par l'habitude d'opérer. Cette habitude une fois acquise, les regles deviennent inutiles ; on n'a plus besoin d'y penser, & on fait bien, en quelque sorte, naturellement.

C'est ainsi qu'il faut apprendre l'art de raisonner. Il ne suffiroit pas de concevoir cette Logique : si l'on ne se fait pas une habitude de la méthode qu'elle enseigne, & si cette habitude n'est pas telle, qu'on puisse raisonner bien sans avoir besoin de penser aux regles, on n'aura pas la jugeons bien, même dès l'enfance, il n'y a qu'à observer comment nous nous sommes conduits pour en juger, & nous sçaurons comment nous devons nous conduire pour juger des autres. Il suffira de continuer comme la nature nous a fait commencer ; c'est-à-dire, d'observer, & de mettre nos jugemens à l'épreuve de l'observation & de l'expérience.

C'est ce que nous avons tous fait dans notre premiere enfance ; & si nous pouvions nous rappeller cet âge, nos premieres études nous mettroient sur la voie pour en faire d'autres avec fruit. Alors chacun de nous faisoit des découvertes qu'il ne devoit qu'à ses observations & à

---

pratique de l'art de raisonner ; on n'en aura que la théorie.

Cette habitude, comme toutes les autres, ne peut se contracter que par un long exercice. Il faut donc s'exercer sur beaucoup d'objets. J'indique ici les lectures qu'il faudra faire à cet effet, & je les indiquerai ailleurs de la même maniere. Mais parce qu'on acquiert la pratique d'un art d'autant plus facilement qu'on en conçoit mieux la théorie, on fera bien de ne faire les lectures auxquelles je renvoie, que lorsqu'on aura saisi l'esprit de cette Logique ; ce qui demande qu'on la lise au moins une fois.

Quand on aura saisi l'esprit de cette Logique, on la recommencera ; & à mesure qu'on avancera, on fera les lectures que j'indique. J'ose promettre à ceux qui l'étudieront ainsi, qu'ils acquerront pour toutes leurs études une facilité dont ils seront étonnés : j'en ai l'expérience.

ſon expérience ; & nous en ferions encore aujourd'hui, ſi nous ſçavions ſuivre le chemin que
la nature nous avoit ouvert.

Il ne s'agit donc pas d'imaginer nous - mêmes
un ſyſtême, pour ſçavoir comment nous devons
acquérir des connoiſſances : gardons - nous - en
bien. La nature a fait ce ſyſtême elle - même ;
elle pouvoit ſeule le faire : elle l'a bien fait, &
il ne nous reſte qu'à obſerver ce qu'elle nous
apprend.

Il ſemble que pour étudier la nature, il faudroit obſerver dans les enfans les premiers déve-
loppemens de nos facultés, ou ſe rappeller ce
qui nous eſt arrivé à nous-mêmes. L'un & l'autre ſont difficiles. Nous ferions ſouvent réduits
à la néceſſité de faire des ſuppoſitions. Mais
des ſuppoſitions auroient l'inconvénient de paroître quelquefois gratuites, & d'autrefois d'exi-
ger qu'on ſe mît dans des ſituations où tout le
monde ne ſçauroit pas ſe placer. Il ſuffit d'avoir
remarqué que les enfans n'acqueirent de vraies
connoiſſances, que parce que n'obſervant que des
choſes relatives aux beſoins les plus urgens, ils
ne ſe trompent pas ; ou que s'ils ſe trompent,
ils ſont auſſi-tôt avertis de leurs mépriſes. Bor-
nons - nous à rechercher comment aujourd'hui
nous nous conduiſons nous - mêmes, lorſque
nous acquérons des connoiſſances. Si nous pou-

vons nous affurer des quelques - unes , & de la maniere dont nous les avons acquifes , nous fçaurons comment nous en pouvons acquérir d'autres.

CHAPITRE II.

Que l'analyfe eft l'unique méthode pour acquérir des connoiffances. Comment nous l'apprenons de la nature même.

Un premier coup d'œil ne donne point d'idée des chofes qu'on voit.

JE fuppofe un château qui domine fur une campagne vafte , abondante , où la nature s'eft plue à répandre la variété , & où l'art a fçu profiter des fituations , pour les varier & embellir encore. Nous arrivons dans ce château pendant la nuit. Le lendemain les fenêtres s'ouvrent au moment où le foleil commence à dorer l'horizon , & elles fe referment auffi-tôt.

Quoique cette campagne ne fe foit montrée à nous qu'un inftant , il eft certain que nous avons vu tout ce qu'elle renferme. Dans un fecond inftant nous n'aurions fait que recevoir les mêmes impreffions que les objets ont faites fur nous dans le premier. Il en feroit de même dans un troifieme. Par conféquent fi l'on n'avoit pas refermé les fenêtres , nous n'aurions continué de voir que ce que nous avions d'abord vu.

Mais ce premier inftant ne fuffit pas pour nous faire connoître cette campagne, c'eft-à-dire, pour nous faire démêler les objets qu'elle renferme : c'eft pourquoi, lorfque les fenêtres fe font refermées, aucun de nous n'auroit pu rendre compte de ce qu'il a vu. Voilà comment on peut voir beaucoup de chofes, & ne rien apprendre.

Enfin les fenêtres fe rouvrent pour ne plus fe refermer, tant que le foleil fera fur l'horizon, & nous revoyons long-temps tout ce que nous avons d'abord vu. Mais fi, femblables à des hommes en extafe, nous continuons, comme au premier inftant, de voir à-la-fois cette multitude d'objets différens, nous n'en fçaurons pas plus lorfque la nuit furviendra, que nous n'en fçavions lorfque les fenêtres qui venoient de s'ouvrir, fe font tout-à-coup refermées.

Pour avoir une connoiffance de cette campagne, il ne fuffit donc pas de la voir toute à-la-fois ; il en faut voir chaque partie l'une après l'autre ; & au lieu de tout embraffer d'un coup d'œil, il faut arrêter fes regards fucceffivement d'un objet fur un objet. Voilà ce que la nature nous apprend à tous. Si elle nous a donné la faculté de voir une multitude de chofes à-la-fois, elle nous a donné auffi la faculté de n'en regarder qu'une, c'eft-à-dire, de diriger nos yeux fur une feule ; & c'eft à cette faculté, qui eft

Pour s'en former des idées, il les faut obferver l'une après l'autre.

une fuite de notre organifation, que nous devons toutes les connoiffances que nous acquérons par la vue.

Cette faculté nous eft commune à tous. Cependant, fi dans la fuite nous voulons parler de cette campagne, on remarquera que nous ne la connoiffons pas tous également bien. Quelques-uns feront des tableaux plus ou moins vrais, où l'on retrouvera beaucoup de chofes comme elles font en effet ; tandis que d'autres, brouillant tout, feront des tableaux où il ne fera pas poffible de rien reconnoître. Chacun de nous néanmoins a vu les mêmes objets ; mais les regards des uns étoient conduits comme au hafard , & ceux des autres fe dirigeoient avec un certain ordre.

Et pour les concevoir telles qu'elles font, il faut que l'ordre fucceffif dans lequel on les obferve, les raffemble dans l'ordre fimultané qui eft entre elles.

Or quel eft cet ordre ? La nature l'indique elle-même ; c'eft celui dans lequel elle offre les objets. Il y en a qui appellent plus particuliérement les regards ; ils font plus frappans ; ils dominent ; & tous les autres femblent s'arranger autour d'eux pour eux. Voilà ceux qu'on obferve d'abord ; & quand on a remarqué leur fituation refpeâive, les autres fe mettent dans les intervalles, chacun à leur place.

On commence donc par les objets principaux : on les obferve fucceffivement, & on les compare, pour juger des rapports où ils font. Quand, par ce moyen, on a leur fituation refpeâive,

on

On obſerve ſucceſſivement tous ceux qui rem pliſſent les intervalles , on les compare chacun avec l'objet principal le plus prochain, & on en détermine la poſition.

Alors on démêle tous les objets dont on a ſaiſi la forme & la ſituation , & on les embraſſe d'un ſeul regard. L'ordre qui eſt entre eux dans notre eſprit , n'eſt donc plus ſucceſſif ; il eſt ſimultané. C'eſt celui-là même dans lequel ils exiſtent , & nous les voyons tous à-la-fois d'une maniere diſtincte.

Ce ſont là des connoiſſances que nous devons uniquement à l'art avec lequel nous avons dirigé nos regards. Nous ne les avons acquiſes que l'une après l'autre : mais une fois acquiſes , elles ſont toutes en même temps préſentes à l'eſprit , comme les objets qu'elles nous retracent ſont tous préſens à l'œil qui les voit.

Par ce moyen l'eſprit peut embraſſer une grande quantité d'idees.

Il en eſt donc de l'eſprit comme de l'œil : il voit à-la-fois une multitude de choſes ; & il ne faut pas s'en étonner , puiſque c'eſt à l'ame qu'appartiennent toutes les ſenſations de la vue.

Cette vue de l'eſprit s'étend comme la vue du corps : ſi l'on eſt bien organiſé , il ne faut à l'une & à l'autre que de l'exercice, & on ne ſçauroit en quelque ſorte circonſcrire l'eſpace qu'elles embraſſent. En effet, un eſprit exercé voit dans un ſujet qu'il médite, une multitude

B

de rapports que nous n'appercevons pas ; comme les yeux exercés d'un grand peintre démêlent en un moment, dans un payfage, une multitude de chofes que nous voyons avec lui, & qui cependant nous échappent.

Nous pouvons, en nous tranfportant de château en château, étudier de nouvelles campagnes, & nous les retracer comme la premiere. Alors il nous arrivera, ou de donner la préférence à quelqu'une, ou de trouver qu'elles ont chacune leur agrément. Mais nous n'en jugeons que parce que nous les comparons : nous ne les comparons que parce que nous nous les retraçons toutes en même temps. L'efprit voit donc plus que l'œil ne peut voir.

Si maintenant nous réfléchiffons fur la maniere dont nous acquérons des connoiffances par la vue, nous remarquerons qu'un objet fort compofé, tel qu'une vafte campagne, fe décompofe en quelque forte, puifque nous ne le connoiffons que lorfque fes parties font venues, l'une après l'autre, s'arranger avec ordre dans l'efprit.

Nous avons vu dans quel ordre fe fait cette décompofition. Les principaux objets viennent d'abord fe placer dans l'efprit ; les autres y viennent enfuite, & s'y arrangent fuivant les rapports où ils font avec les premiers. Nous ne faifons cette décompofition que parce qu'un inftant ne nous fuffit pas pour étudier tous ces objets. Mais nous ne décompofons que pour recompofer ; & lorfque les connoiffances font acquifes, les chofes, au lieu d'être fucceffives, ont dans l'efprit le même ordre fimultané qu'elles ont au dehors. C'eft dans cet ordre fimultané que confifte la connoiffance que nous en avons : car fi nous ne pouvions nous les retracer enfemble, nous ne pourrions jamais juger des rapports où elles font entre elles, & nous les connoîtrions mal.

Analyfer n'eft donc autre chofe qu'obferver dans un ordre fucceffif les qualités d'un objet, afin de leur donner dans l'efprit l'ordre fimultané dans lequel elles exiftent. C'eft ce que la nature nous fait faire à tous. L'analyfe, qu'on croit n'être connue que des philofophes, eft donc connue de tout le monde, & je n'ai rien appris au lecteur ; je lui ai feulement fait remarquer ce qu'il fait continuellement.

Quoique d'un coup d'œil je démêle une multitude d'objets dans une campagne que j'ai étudiée, cependant la vue n'eft jamais plus diftincte que lorfqu'elle fe circonfcrit elle-même, & que nous ne regardons qu'un petit nombre d'objets à-la-fois : nous en difcernons toujours moins que nous n'en voyons.

Il en eft de même de la vue de l'efprit. J'ai à-

la-fois préfentes un grand nombre de connoiffances qui me font devenues familieres : je les
vois toutes, mais je ne les démêle pas également.
Pour voir d'une maniere diftincte tout ce
qui s'offre à-la-fois dans mon efprit, il faut que
je décompofe comme j'ai décompofé ce qui s'of-
froit à mes yeux ; il faut que j'analyfe ma
penfée.

Cette analyfe ne fe fait pas autrement que
celle des objets extérieurs. On décompofe de
même : on fe retrace les parties de fa penfée
dans un ordre fucceffif, pour les rétablir dans
un ordre fimultané : on fait cette compofition &
cette décompofition en fe conformant aux rapports qui font entre les chofes , comme principales & comme fubordonnées ; & parce qu'on
n'analyferoit pas une campagne , fi la vue ne
l'embraffoit pas toute entiere , on n'analyferoit
pas fa penfée , fi l'efprit ne l'embraffoit pas toute
entiere également. Dans l'un & l'autre cas , il
faut tout voir à-la-fois ; autrement on ne pourroit pas s'affurer d'avoir vu l'une après l'autre
toutes les parties.

CHAPITRE III.

Que l'analyse fait les esprits justes.

CHACUN de nous peut remarquer qu'il ne connoît les objets sensibles que par les sensations qu'il en reçoit : ce sont les sensations qui nous les représentent.

Si nous sommes assurés que lorsqu'ils sont présens, nous ne les voyons que dans les sensations qu'ils font actuellement sur nous, nous ne le sommes pas moins que lorsqu'ils sont absens, nous ne les voyons que dans le souvenir des sensations qu'ils ont faites. Toutes les connoissances que nous pouvons avoir des objets sensibles, ne sont donc, dans le principe, & ne peuvent être que des sensations.

Les sensations, considérées comme représentant les objets sensibles, se nomment *idées* ; expression figurée, qui au propre signifie la même chose qu'*images*.

Autant nous distinguons de sensations différentes, autant nous distinguons d'especes d'idées ; & ces idées sont ou des sensations actuelles, ou elles ne sont qu'un souvenir des sensations que nous avons eues.

B iij

Les sensations considérées comme représentant les objets sensibles, sont proprement ce qu'on nomme *idées*.

C'eſt l'ana-
lyſe feule qui
donne des
idées exaĉtes
ou de vraies
connoiſſan-
ces.

Quand nous les acquérons par la méthode analytique découverte dans le Chapitre précédent, elles s'arrangent avec ordre dans l'eſprit ; elles y conſervent l'ordre que nous leur avons donné, & nous pouvons facilement nous les retracer avec la même netteté avec laquelle nous les avons acquiſes. Si, au lieu de les acquérir par cette méthode, nous les accumulons au haſard, elles feront dans une grande confuſion, & elles y reſteront. Cette confuſion ne permettra plus à l'eſprit de ſe les rappeller d'une maniere diſtinĉte ; & ſi nous voulons parler des connoiſſances que nous croyons avoir acquiſes, on ne comprendra rien à nos diſcours, parce que nous n'y comprendrons rien nous-mêmes. Pour parler d'une maniere à ſe faire entendre, il faut concevoir & rendre ſes idées dans l'ordre analytique, qui décompoſe & recompoſe chaque penſée. Cet ordre eſt le ſeul qui puiſſe leur donner toute la clarté & toute la préciſion dont elles font ſuſceptibles ; & comme nous n'avons pas d'autre moyen pour nous inſtruire nous - mêmes, nous n'en avons pas d'autre pour communiquer nos connoiſſances. Je l'ai déja prouvé, mais j'y reviens, & j'y reviendrai encore ; car cette vérité n'eſt pas aſſez connue ; elle eſt même combattue, quoique ſimple, évidente & fondamentale.

En effet, que je veuille connoître une machine, je la décompoferai, pour en étudier féparément chaque partie. Quand j'aurai de chacune une idée exacte, & que je pourrai les remettre dans le même ordre où elles étoient, alors je concevrai parfaitement cette machine, parce que je l'aurai décompofée & recompofée.

Qu'eft-ce donc que concevoir cette machine ? C'eft avoir une penfée qui eft compofée d'autant d'idées qu'il y a de parties dans cette machine même, d'idées qui les repréfentent chacune exactement, & qui font difpofées dans le même ordre.

Lorfque je l'ai étudiée avec cette méthode, qui eft la feule, alors ma penfée ne m'offre que des idées diftinctes ; & elle s'analyfe d'elle-même, foit que je veuille m'en rendre compte, foit que je veuille en rendre compte aux autres.

Chacun peut fe convaincre de cette vérité par fa propre expérience ; il n'y a pas même jufqu'aux plus petites couturieres qui n'en foient convaincues : car fi, leur donnant pour modele une robe d'une forme finguliere, vous leur propofez d'en faire une femblable, elles imagineront naturellement de défaire & de refaire ce modele, pour apprendre à faire la robe que vous demandez. Elles fçavent donc l'analyfe auffi-bien que les philofophes, & elles en connoiffent l'utilité beaucoup mieux que ceux qui s'obftinent à

foutenir qu'il y a une autre méthode pour s'inftruire.

Croyons avec elles qu'aucune autre méthode
ne peut fuppléer à l'analyfe. Aucune autre ne
peut répandre la même lumiere : nous en aurons
la preuve toutes les fois que nous voudrons étudier un objet un peu compofé. Cette méthode,
nous ne l'avons pas imaginée ; nous ne l'avons
que trouvée, & nous ne devons pas craindre
qu'elle nous égaré. Nous aurions pu, avec les
philofophes, en inventer d'autres, & mettre un
ordre quelconque entre nos idées : mais cet ordre, qui n'auroit pas été celui de l'analyfe, auroit mis dans nos penfées la même confufion
qu'il a mife dans leurs écrits : car il femble que
plus ils affichent l'ordre, plus ils s'embarraffent,
& moins on les entend. Ils ne fçavent pas que
l'analyfe peut feule nous inftruire ; vérité pratique connue des artifans les plus groffiers.

C'eft par el-
le que les ef-
prits juftes fe
font formés.

Il y a des efprits juftes qui paroiffent n'avoir
rien étudié, parce qu'ils ne paroiffent pas avoir
médité pour s'inftruire : cependant ils ont fait
des études, & ils les ont bien faites. Comme ils
les faifoient fans deffein prémédité, ils ne fon-
geoient pas à prendre des leçons d'aucun maître, & ils ont eu le meilleur de tous, la nature.
C'eft elle qui leur a fait faire l'analyfe des chofes
qu'ils étudioient ; & le peu qu'ils fçavent, ils le

ſçavent bien. L'inſtinct, qui eſt un guide ſi ſûr ; le goût, qui juge ſi bien, & qui cependant juge au moment même qu'il ſent ; les talens, qui ne ſont eux-mêmes que le goût, lorſqu'il produit ce dont il eſt le juge ; toutes ces facultés ſont l'ouvrage de la nature, qui, en nous faiſant analyſer à notre inſçu, ſemble vouloir nous cacher tout ce que nous lui devons. C'eſt elle qui inſpire l'homme de génie ; elle eſt la Muſe qu'il invoque, lorſqu'il ne ſçait pas d'où lui viennent ſes penſées.

Il y a des eſprits faux qui ont fait de grandes études. Ils ſe piquent de beaucoup de méthode, & ils n'en raiſonnent que plus mal : c'eſt que lorſqu'une méthode n'eſt pas la bonne, plus on la ſuit, plus on s'égare. On prend pour principes des notions vagues, des mots vuides de ſens ; on ſe fait un jargon ſcientifique, dans lequel on croit voir l'évidence ; & cependant on ne ſçait dans le vrai ni ce qu'on voit, ni ce qu'on penſe, ni ce qu'on dit. On ne ſera capable d'analyſer ſes penſées qu'autant qu'elles ſeront elles - mêmes l'ouvrage de l'analyſe.

C'eſt donc, encore une fois, par l'analyſe, & par l'analyſe ſeule, que nous devons nous inſtruire. C'eſt la voie la plus ſimple, parce qu'elle eſt la plus naturelle ; & nous verrons qu'elle eſt encore la plus courte. C'eſt elle qui a fait toutes les découvertes ; c'eſt par elle que nous retrouverons tout ce qui a été trouvé ; & ce qu'on nomme *méthode d'invention*, n'eſt autre choſe que l'analyſe. (*Cours d'Etude, Art de penſer, part. 2, chap. 4.*)

CHAPITRE IV.

Comment la nature nous fait obſerver les objets ſenſibles, pour nous donner des idées de différentes eſpeces.

On ne peut inſtruire qu'en conduiſant du connu à l'inconnu.

Nous ne pouvons aller que du connu à l'inconnu, eſt un principe bien trivial dans la théorie, & preſque ignoré dans la pratique. Il ſemble qu'il ne ſoit ſenti que par les hommes qui n'ont point étudié. Quand ils veulent vous faire comprendre une choſe que vous ne connoiſſez pas, ils prennent une comparaiſon dans une autre que vous connoiſſez ; & s'ils ne ſont pas toujours heureux dans le choix des comparaiſons, ils font voir au moins qu'ils ſentent ce qu'il faut faire pour être entendus.

Il n'en eſt pas de même des ſçavans. Quoiqu'ils veuillent inſtruire, ils oublient volontiers d'aller du connu à l'inconnu. Cependant, ſi vous voulez me faire concevoir des idées que je n'ai pas, il faut me prendre aux idées que j'ai. C'eſt à ce que je fçais que commence tout ce que j'ignore, tout ce qu'il eft poffible d'apprendre; & s'il y a une méthode pour me donner de nouvelles connoiffances, elle ne peut être que la méthode même qui m'en a déja donné.

En effet, toutes nos connoiffances viennent des fens, celles que je n'ai pas comme celles que j'ai; & ceux qui font plus fçavans que moi, ont été auffi ignorans que je le fuis aujourd'hui. Or, s'ils fe font inftruits en allant du connu à l'inconnu, pourquoi ne m'inftruirois-je pas en allant comme eux du connu à l'inconnu? Et fi chaque connoiffance que j'acquiers me prépare à une connoiffance nouvelle, pourquoi ne pourrois-je pas aller, par une fuite d'analyfes, de connoiffance en connoiffance? En un mot, pourquoi ne trouverois-je pas ce que j'ignore dans des fenfations où ils l'ont trouvé, & qui nous font communes?

Sans doute ils me feroient facilement découvrir tout ce qu'ils ont découvert, s'ils fçavoient toujours eux-mêmes comment ils fe font inftruits. Mais ils l'ignorent, parce que c'eft une chofe qu'ils ont mal obfervée, ou à laquelle la plupart n'ont pas même penfé. Certainement ils ne fe font inftruits qu'autant qu'ils ont fait des analyfes, & qu'ils les ont bien faites. Mais ils ne le remarquoient pas : la nature les faifoit en quelque forte en eux fans eux ; & ils aimoient à croire que l'avantage d'acquérir des connoif-fances eſt un don, un talent qui ne ſe communique pas facilement. Il ne faut donc pas s'étonner ſi nous avons de la peine à les entendre : dès qu'on ſe pique de talens privilégiés, on n'eſt pas fait pour ſe mettre à la portée des autres.

Quoi qu'il en ſoit, tout le monde eſt forcé de reconnoître que nous ne pouvons aller que du connu à l'inconnu. Voyons l'uſage que nous pouvons faire de cette vérité.

Encore enfans, nous avons acquis des connoiſ-fances par une ſuite d'obſervations & d'analyſes. C'eſt donc à ces connoiſſances que nous devons recommencer pour continuer nos études. Il faut les obſerver, les analyſer, & découvrir, s'il eſt poſſible, tout ce qu'elles renferment.

Ces connoiſſances font une collection d'idées ; & cette collection eſt un ſyſtême bien ordonné, c'eſt-à-dire, une ſuite d'idées exactes, où l'analyſe a mis l'ordre qui eſt entre les choſes mêmes. Si les idées étoient peu exactes & ſans ordre, nous n'aurions que des connoiſſances imparfaites, qui même ne ſeroient pas proprement des connoiſſances. Mais il n'y a perſonne qui n'ait quelque ſyſtême d'idées exactes bien ordonnées ; ſi ce n'eſt pas ſur des matieres de ſpéculation, ce ſera du moins ſur des choſes d'uſage, relatives à nos beſoins. Il n'en faut pas davantage. C'eſt à ces idées qu'il faut prendre ceux qu'on veut inſtruire ; & il eſt évident qu'il faut leur en faire remarquer l'origine & la génération, ſi de ces idées on veut les conduire à d'autres.

Or, ſi nous obſervons l'origine & la génération des idées, nous les verrons naître ſucceſſivement les unes des autres ; & ſi cette ſucceſſion eſt conforme à la maniere dont nous les acquérons, nous en aurons bien fait l'analyſe. L'ordre de l'analyſe eſt donc ici l'ordre même de la génération des idées.

Nous avons dit que les idées des objets ſenſibles ne ſont, dans leur origine, que les ſenſations qui repréſentent ces objets. Mais il n'exiſte dans la nature que des individus : donc nos premieres idées ne ſont que des idées individuelles, des idées de tel ou tel objet.

Nous n'avons pas imaginé des noms pour chaque individu ; nous avons ſeulement diſtribué les individus dans différentes claſſes, que nous diſtinguons par des noms particuliers ; & ces claſſes ſont ce qu'on nomme *genres* & *eſpeces*. Nous avons, par exemple, mis dans la claſſe d'*arbre*, les plantes dont la tige s'éleve à une certaine hauteur, pour ſe diviſer en une multitude de branches, & former de tous ſes rameaux une touffe plus ou moins grande. Voilà une claſſe gé-

Les idées naiſſent ſucceſſivement les unes des autres.

Nos premieres idées ſont des idées individuelles.

En claſſant les idées, on forme des genres & des eſpeces.

nérale qu'on nomme *genre.* Lorfqu'enfuite on a obfervé que les arbres different par la grandeur, par la ftructure, par les fruits, &c. on a diftingué d'autres claffes fubordonnées à la premiere qui les comprend toutes ; & ces claffes fubordonnées font ce qu'on nomme *efpeces.*

C'eft ainfi que nous diftribuons dans différentes claffes toutes les chofes qui peuvent venir à notre connoiffance : par ce moyen, nous leur donnons à chacune une place marquée, & nous fçavons toujours où les reprendre. Oublions ces claffes pour un moment, & imaginons qu'on eût donné à chaque individu un nom différent : nous fentons auffi-tôt que la multitude des noms eût fatigué notre mémoire pour tout confondre, & qu'il nous eût été impoffible d'étudier les objets qui fe multiplient fous nos yeux, & de nous en faire des idées diftinctes.

Rien n'eft donc plus raifonnable que cette diftribution ; & quand on confidere combien elle nous eft utile, ou même néceffaire, on feroit porté à croire que nous l'avons faite à deffein. Mais on fe tromperoit : ce deffein appartient uniquement à la nature ; c'eft elle qui a commencé à notre infçu.

Les idées individuelles deviennent tout-à-coup générales.

Un enfant nommera *arbre,* d'après nous, le premier arbre que nous lui montrerons, & ce nom fera pour lui le nom d'un individu. Cepen-

dant, fi on lui montre un autre arbre, il n'imagi-
nera pas d'en demander le nom : il le nommera
arbre, & il rendra ce nom commun à deux individus. Il le rendra de même commun à trois, à
quatre, & enfin à toutes les plantes qui lui pa-
roîtront avoir quelque reſſemblance avec les premiers arbres qu'il a vus. Ce nom deviendra même
fi général, qu'il nommera *arbre* tout ce que nous
nommons *plante*. Il eſt naturellement porté à généraliſer, parce qu'il lui eſt plus commode de
ſe ſervir d'un nom qu'il ſçait, que d'en apprendre un nouveau. Il généraliſe donc ſans avoir
formé le deſſein de généraliſer, & ſans même
remarquer qu'il généraliſe. C'eſt ainſi qu'une idée
individuelle devient tout-à-coup générale : ſouvent même elle le devient trop ; & cela arrive
toutes les fois que nous confondons des choſes
qu'il eût été utile de diſtinguer.

Cet enfant le ſentira bientôt lui-même. Il ne
dira pas, *J'ai trop généraliſé ; il faut que je diſ-*
tingue différentes eſpeces d'arbres : il formera,
ſans deſſein & ſans le remarquer, des claſſes
ſubordonnées, comme il a formé ſans deſſein &
ſans le remarquer, une claſſe générale. Il ne fera
qu'obéir à ſes beſoins. C'eſt pourquoi je dis qu'il
fera ces diſtributions naturellement & à ſon inſçu.
En effet, fi on le mene dans un jardin, & qu'on
lui faſſe cueillir & manger différentes ſortes de

Les idées
générales ſe
ſous-diviſent
en différen-
tes eſpeces.

fruits, nous verrons qu'il apprendra bientôt les noms de cerifier, pêcher, poirier, pommier, & qu'il diftinguera différentes efpeces d'arbres.

Nos idées commencent donc par être individuelles, pour devenir tout-à-coup auffi générales qu'il eft poffible ; & nous ne les diftribuons enfuite dans différentes claffes qu'autant que nous fentons le befoin de les diftinguer. Voilà l'ordre de leur génération.

Puifque nos befoins font le motif de cette diftribution, c'eft pour eux qu'elle fe fait. Les claffes, qui fe multiplient plus ou moins, forment donc un fyftême dont toutes les parties fe lient naturellement, parce que tous nos befoins tiennent les uns aux autres ; & ce fyftême, plus ou moins étendu, eft conforme à l'ufage que nous voulons faire des chofes. Le befoin, qui nous éclaire, nous donne peu à peu le difcernement, qui nous fait voir dans un temps des différences où peu auparavant nous n'en appercevions pas; & fi nous étendons & perfectionnons ce fyftême, c'eft parce que nous continuons comme la nature nous a fait commencer.

Les philofophes ne l'ont donc pas imaginé : ils l'ont trouvé en obfervant la nature ; & s'ils avoient mieux obfervé, ils l'auroient expliqué beaucoup mieux qu'ils n'ont fait. Mais ils ont cru qu'il étoit à eux, & ils l'ont traité comme s'il

étoit

étoit à eux en effet. Ils y ont mis de l'arbitraire, de l'abfurde , & ils ont fait un étrange abus des idées générales.

Malheureufement nous avons cru apprendre d'eux ce fyftême , que nous avions appris d'un meilleur maître. Mais parce que la nature ne nous faifoit pas remarquer qu'elle nous l'enfei- gnoit, nous avons cru en devoir la connoiffance à ceux qui ne manquoient pas de nous faire re- marquer qu'ils étoient nos maîtres. Nous avons donc confondu les leçons des philofophes avec les leçons de la nature, & nous avons mal rai- fonné.

D'après tout ce que nous avons dit , former une claffe de certains objets, ce n'eft autre chofe que donner un même nom à tous ceux que nous jugeons femblables; & quand de cette claffe nous en formons deux, ou davantage , nous ne faifons encore autre chofe que choifir de nouveaux noms , pour diftinguer des objets que nous ju- geons différens. C'eft uniquement par cet artifice que nous mettons de l'ordre dans nos idées: mais cet artifice ne fait que cela ; & il faut bien remarquer qu'il ne peut rien faire de plus. En effet, nous nous tromperions groffiérement, fi nous nous imaginions qu'il y a dans la nature des ef- peces & des genres , parce qu'il y a des efpeces & des genres dans notre maniere de concevoir.

Avec quel artifice fe for- me ce fyftê- me.

C

Les noms généraux ne font proprement les noms d'aucune chofe exiftante ; ils n'expriment que les vues de l'efprit, lorfque nous confidérons les chofes fous des rapports de reffemblance ou de différence. Il n'y a point d'arbre en général, de pommier en général, de poirier en général ; il n'y a que des individus. Donc il n'y a dans la nature ni genres ni efpeces. Cela eft fi fimple, qu'on croiroit inutile de le remarquer : mais fouvent les chofes les plus fimples échappent, précifément parce qu'elles font fimples : nous dédaignons de les obferver; & c'eft là une des principales caufes de nos mauvais raifonnemens & de nos erreurs.

Il ne fe fait pas d'après la nature des chofes.

Ce n'eft pas d'après la nature des chofes que nous diftinguons des claffes , c'eft d'après notre maniere de concevoir. Dans les commencemens, nous fommes frappés des reffemblances , & nous fommes comme un enfant qui prend toutes les plantes pour des arbres. Dans la fuite, le befoin d'obferver développe notre difcernement ; & parce qu'alors nous remarquons des différences , nous faifons de nouvelles claffes.

Plus notre difcernement fe perfectionne, plus les claffes peuvent fe multiplier ; & parce qu'il n'y a pas deux individus qui ne different par quelque endroit , il eft évident qu'il y auroit autant de claffes que d'individus , fi à chaque dif-

férence on vouloit faire une claffe nouvelle.
Alors il n'y auroit plus d'ordre dans nos idées,
& la confufion fuccéderoit à la lumiere qui fe
répandoit fur elles lorfque nous généralifions
avec méthode.

Il y a donc un terme après lequel il faut s'arrêter : car s'il importe de faire des diftinctions,
il importe plus encore de n'en pas trop faire.
Quand on n'en fait pas affez, s'il y a des chofes qu'on ne diftingue pas, & qu'on devroit diftinguer, il en refte au moins qu'on diftingue.
Quand on en fait trop, on brouille tout, parce
que l'efprit s'égare dans un grand nombre de
diftinctions dont il ne fent pas la néceffité. De-
mandera-t-on jufqu'à quel point les genres &
les efpeces peuvent fe multiplier ? Je réponds,
ou plutôt la nature répond elle-même, jufqu'à
ce que nous ayons affez de claffes pour nous
régler dans l'ufage des chofes relatives à nos befoins : & la jufteffe de cette réponfe eft fenfible,
puifque ce font nos befoins feuls qui nous déterminent à diftinguer des claffes, puifque nous
n'imaginons pas de donner des noms à des chofes dont nous ne voulons rien faire. Au moins
eft-ce ainfi que les hommes fe conduifent naturellement. Il eft vrai que lorfqu'ils s'écartent de
la nature pour devenir mauvais philofophes, ils
croient qu'à force de diftinctions, auffi fubtiles

Jufqu'à quel
point nous
devons divi-
fer & fous-
divifer nos
idées.

C ij

qu'inutiles, ils expliqueront tout, & ils brouil-
lent tout.

Pourquoi les especes doivent se confondre.

Tout est distinct dans la nature ; mais notre
esprit est trop borné pour la voir en détail d'une
maniere distincte. En vain nous analysons ; il reste
toujours des choses que nous ne pouvons analyser, & que par cette raison nous ne voyons
que confusément. L'art de classer, si nécessaire
pour se faire des idées exactes, n'éclaire que
les points principaux : les intervalles restent
dans l'obscurité, & dans ces intervalles les clas-
ses mitoyennes se confondent. Un arbre, par
exemple, & un arbrisseau font deux especes
bien distinctes. Mais un arbre peut être plus petit, un arbrisseau peut être plus grand ; & l'on
arrive à une plante qui n'est ni arbre ni arbrisseau, ou qui est tout à-la-fois l'un & l'autre ;
c'est-à-dire qu'on ne sçait plus à quelle espece
la rapporter.

Pourquoi elles se confondent sans inconvénient.

Ce n'est pas là un inconvénient : car demander si cette plante est un arbre ou un arbrisseau, ce n'est pas, dans le vrai, demander ce
qu'elle est ; c'est seulement demander si nous
devons lui donner le nom d'arbre, ou celui d'arbrisseau. Or il importe peu qu'on lui donne l'un
plutôt que l'autre : si elle est utile, nous nous
en servirons, & nous la nommerons *plante*. On
n'agiteroit jamais de pareilles questions, si l'on

ne fuppofoit pas qu'il y a dans la nature comme dans notre efprit, des genres & des efpeces. Voilà l'abus qu'on fait des claffes : il le falloit connoître. Il nous refte à obferver jufqu'où s'étendent nos connoiffances, lorfque nous claffons les chofes que nous étudions.

Dès que nos fenfations font les feules idées que nous ayons des objets fenfibles, nous ne voyons en eux que ce qu'elles repréfentent : au-delà nous n'appercevons rien, & par conféquent nous ne pouvons rien connoître.

Il n'y a donc point de réponfe à faire à ceux qui demandent, *Quel eft le fujet des qualités du corps? quelle eft fa nature ? quelle eft fon effence ?* Nous ne voyons pas ces fujets, ces natures, ces effences : en vain même on voudroit nous les montrer ; ce feroit entreprendre de faire voir des couleurs à des aveugles. Ce font là des mots dont nous n'avons point d'idées ; ils fignifient feulement qu'il y a fous les qualités quelque chofe que nous ne connoiffons pas.

L'analyfe ne nous donne des idées exactes qu'autant qu'elle ne nous fait voir dans les chofes que ce qu'on y voit ; & il faut nous accoutumer à ne voir que ce que nous voyons. Cela n'eft pas facile au commun des hommes, ni même au commun des philofophes. Plus on eft ignorant, plus on eft impatient de juger : on croit tout fçavoir, avant d'avoir rien obfervé ; & l'on diroit que la connoiffance de la nature eft une efpece de divination qui fe fait avec des mots.

Les idées exactes que l'on acquiert par l'analyfe, ne font pas toujours des idées complettes : elles ne peuvent même jamais l'être, lorfque nous nous occupons des objets fenfibles. Alors nous ne découvrons que quelques qualités, & nous ne pouvons connoître qu'en partie.

Nous ferons l'étude de chaque objet de la même maniere que nous faifions celle de cette campagne qu'on voyoit des fenêtres de notre château : car il y a dans chaque objet, comme dans cette campagne, des chofes principales auxquelles toutes les autres doivent fe rapporter. C'eft dans cet ordre qu'il les faut faifir, fi l'on veut fe faire des idées diftinctes & bien ordonnées. Par exemple, tous les phénomenes de la nature fuppofent l'étendue & le mouvement : toutes les fois donc que nous voudrons en étudier quelques-uns, nous regarderons l'étendue & le mouvement comme les principales qualités des corps.

Nous avons vu comment l'analyfe nous fait connoître les objets fenfibles, & comment les idées qu'elle nous en donne font diftinctes, & conformes à l'ordre des chofes. Il faut fe fouvenir que cette méthode eft l'unique, & qu'elle doit être abfolument la même dans toutes nos études : car étudier des sciences différentes, ce n'eſt pas changer de méthode, c'eſt ſeulement appliquer la même méthode à des objets différens, c'eſt refaire ce qu'on a déja fait ; & le grand point eſt de le bien faire une fois, pour le ſçavoir faire toujours. Voilà, dans le vrai, où nous en étions lorſque nous avons commencé. Dès notre enfance nous avons tous acquis des connoiſſances : nous avions donc ſuivi à notre inſçu une bonne méthode. Il ne nous reſtoit qu'à le remarquer : c'eſt ce que nous avons fait, & nous pouvons déſormais appliquer cette méthode à de nouveaux objets. (*Cours d'Etude, Leçons prélim. art. 1. Art de penſer, part. 1, chap. 8. Traité des Senſations, part. 4, chap. 6.*)

CHAPITRE V.

Des idées des choſes qui ne tombent pas ſous les ſens.

En obſervant les objets ſenſibles, nous nous élevons naturellement à des objets qui ne tombent pas ſous les ſens, parce que, d'après les effets qu'on voit, on juge des cauſes qu'on ne voit pas.

Le mouvement d'un corps eſt un effet : il a

Comment les effets nous font juger de l'exiſtence d'une cauſe dont ils ne nous donnent aucune idée.

C iv

donc une caufe. Il eft hors de doute que cette caufe exifte, quoiqu'aucun de mes fens ne me la faffe appercevoir, & je la nomme *force*. Ce nom ne me la fait pas mieux connoître : je ne fçais que ce que je fçavois auparavant, c'eft que le mouvement a une caufe que je ne connois pas. Mais j'en puis parler : je la juge plus grande ou plus foible, fuivant que le mouvement eft plus grand ou plus foible lui-même ; & je la mefure, en quelque forte, en mefurant le mouvement.

Le mouvement fe fait dans l'efpace & dans le temps. J'apperçois l'efpace, en voyant les objets fenfibles qui l'occupent ; & j'apperçois la durée dans la fucceffion de mes idées ou de mes fenfations : mais je ne vois rien d'abfolu ni dans l'efpace, ni dans le temps. Les fens ne fçauroient me dévoiler ce que les chofes font en elles-mêmes ; ils ne me montrent que quelques-uns des rapports qu'elles ont entre elles, & quelques-uns de ceux qu'elles ont à moi. Si je mefure l'efpace, le temps, le mouvement, & la force qui le produit, c'eft que les réfultats de mes mefures ne font que des rapports : car chercher des rapports, ou mefurer, c'eft la même chofe.

Parce que nous donnons des noms à des chofes dont nous avons une idée, on fuppofe que nous avons une idée de toutes celles auxquelles nous donnons des noms. Voilà une erreur dont il faut ſe garantir. Il ſe peut qu'un nom ne ſoit donné à une choſe que parce que nous ſommes aſſurés de ſon exiſtence : le mot *force* en eſt la preuve.

Le mouvement, que j'ai conſidéré comme un effet, devient une cauſe à mes yeux, auſſi-tôt que j'obſerve qu'il eſt par-tout, & qu'il produit, ou concourt à produire tous les phénomenes de la nature. Alors je puis, en obſervant les loix du mouvement, étudier l'univers, comme d'une fenêtre j'étudie une campagne : la méthode eſt la même.

Mais quoique dans l'univers tout ſoit ſenſible, nous ne voyons pas tout ; & quoique l'art vienne au ſecours des ſens, ils ſont toujours trop foibles. Cependant, ſi nous·obſervons bien, nous découvrons des phénomenes ; nous les voyons, comme une ſuite de cauſes & d'effets, former différens ſyſtêmes ; & nous nous faiſons des idées exactes de quelques parties du grand tout. C'eſt ainſi que les philoſophes modernes ont fait des découvertes qu'on n'auroit pas jugé poſſibles quelques ſiecles auparavant, & qui font préſumer qu'on en peut faire d'autres. (*Cours d'Etude, Art de raiſonner. Hiſt. mod. liv. dernier, chap. 5 & ſuivans.*)

Mais comme nous avons jugé que le mouvement a une cauſe, parce qu'il eſt un effet, nous jugerons que l'univers a également une caufe, parce qu'il eft un effet lui-même; & cette caufe, nous la nommerons *Dieu.*

Il n'en eft pas de ce mot comme de celui de *force,* dont nous n'avons point d'idée. Dieu, il eft vrai, ne tombe pas fous les fens ; mais il a imprimé fon caractere dans les chofes fenfibles; nous l'y voyons, & les fens nous élevent jufqu'à lui.

En effet, lorfque je remarque que les phénomenes naiffent les uns des autres, comme une fuite d'effets & de caufes, je vois néceffairement une premiere caufe ; & c'eft à l'idée de caufe premiere que commence l'idée que je me fais de Dieu.

Dès que cette caufe eft premiere, elle eft indépendante, néceffaire ; elle eft toujours, & elle embraffe dans fon immenfité & dans fon éternité tout ce qui exifte.

Je vois de l'ordre dans l'univers : j'obferve fur-tout cet ordre dans les parties que je connois le mieux. Si j'ai de l'intelligence moi-même, je ne l'ai acquife qu'autant que les idées, dans mon efprit, font conformes à l'ordre des chofes hors de moi; & mon intelligence n'eft qu'une copie, & une copie bien foible de l'intelligence avec laquelle ont été ordonnées les chofes que je conçois, & celles que je ne conçois pas. La premiere caufe eft donc intelligente : elle a tout

Ordonné, par-tout & de tout temps ; & son intelligence, comme son immensité & son éternité, embrasse tous les temps & tous les lieux.

Puisque la premiere cause est indépendante,
elle peut ce qu'elle veut ; & puisqu'elle est intelligente, elle veut avec connoissance, & par
conséquent avec choix : elle est libre.

Comme intelligente, elle apprécie tout ; comme
libre, elle agit en conséquence. Ainsi, d'après
les idées que nous nous sommes faites de son
intelligence & de sa liberté, nous nous formons
une idée de sa bonté, de sa justice, de sa misé-
ricorde, de sa providence, en un mot. Voilà
une idée imparfaite de la Divinité. Elle ne vient
& ne peut venir que des sens : mais elle se dé-
veloppera d'autant plus que nous approfondirons
mieux l'ordre que Dieu a mis dans ses ouvrages.
(*Cours d'Etude, Leçons prélim. art. 5. Traité des
Anim. chap. 6.*

CHAPITRE VI.

Continuation du même sujet.

Actions & habitudes.

LE mouvement, confidéré comme caufe de quelque effet, fe nomme *action*. Un corps qui fe meut, agit fur l'air qu'il divife, & fur les corps qu'il choque : mais ce n'eft là que l'action d'un corps inanimé.

L'action d'un corps animé eft également dans le mouvement. Capable de différens mouvemens, fuivant la différence des organes dont il a été doué, il a différentes manieres d'agir ; & chaque efpece a dans fon action, comme dans fon organifation, quelque chofe qui lui eft propre.

Toutes ces actions tombent fous les fens, & il fuffit de les obferver pour s'en faire une idée. Il n'eft pas plus difficile de remarquer comment le corps prend ou perd des habitudes : car chacun fçait, par fa propre expérience, que ce qu'on a fouvent répété, on le fait fans avoir befoin d'y penfer ; & qu'au contraire on ne fait plus avec la même facilité ce qu'on a ceffé de faire pendant quelque temps. Pour contracter une habitude, il fuffit donc de faire & de refaire à plufieurs reprifes ; & pour la perdre, il fuffit de ne plus faire. (*Cours d'Etude, Leç. prélim. art. 3. Traité des Anim. part. 2, chap. 1.*)

Ce font les actions de l'ame qui déterminent celles du corps ; & d'après celles-ci, qu'on voit, on juge de celles-là, qu'on ne voit pas. Il fuffit d'avoir remarqué ce qu'on fait lorfqu'on defire ou qu'on craint, pour appercevoir dans les mouvemens des autres leurs defirs ou leurs craintes. C'eft ainfi que les actions du corps repréfentent les actions de l'ame, & dévoilent quelquefois jufqu'aux plus fecretes penfées. Ce langage eft celui de la nature : il eft le premier, le plus expreffif, le plus vrai ; & nous verrons que c'eft d'après ce modele que nous avons appris à faire des langues.

D'après les actions du corps, on juge des actions de l'ame.

Les idées morales paroiffent échapper aux fens : elles échappent du moins à ceux de ces philofophes qui nient que nos connoiffances viennent des fenfations. Ils demanderoient volontiers de quelle couleur eft la vertu, de quelle couleur eft le vice. Je réponds que la vertu confifte dans l'habitude des bonnes actions, comme le vice confifte dans l'habitude des mauvaifes. Or ces habitudes & ces actions font vifibles.

Idées de la vertu & du vice.

Mais la moralité des actions eft-elle une chofe qui tombe fous les fens ? Pourquoi donc n'y tomberoit-elle pas ? Cette moralité confifte uniquement dans la conformité de nos actions avec

Idée de la moralité des actions.

les loix : or ces actions font visibles, & les loix le font également, puifqu'elles font des conventions que les hommes ont faites.

Si les loix, dira-t-on, font des conventions, elles font donc arbitraires. Il peut y en avoir d'arbitraires ; il n'y en a même que trop : mais celles qui déterminent fi nos actions font bonnes ou mauvaifes, ne le font pas, & ne peuvent pas l'être. Elles font notre ouvrage, parce que ce font des conventions que nous avons faites : cependant nous ne les avons pas faites feuls ; la nature les faifoit avec nous, elle nous les dictoit, & il n'étoit pas en notre pouvoir d'en faire d'autres. Les befoins & les facultés de l'homme étant donnés, les loix font données elles-mêmes ; & quoique nous les faffions, Dieu, qui nous a créés avec tels befoins & telles facultés, eft, dans le vrai, notre feul légiflateur. En fuivant ces loix conformes à notre nature, c'eft donc à lui que nous obéiffons ; & voilà ce qui acheve la moralité des actions.

Si, de ce que l'homme eft libre, on juge qu'il y a fouvent de l'arbitraire dans ce qu'il fait, la conféquence fera jufte : mais fi l'on juge qu'il n'y a jamais que de l'arbitraire, on fe trompera. Comme il ne dépend pas de nous de ne pas avoir les befoins qui font une fuite de notre conformation, il ne dépend pas de nous de n'être

pas portés à faire ce à quoi nous fommes déterminés par ces befoins ; & fi nous ne le faifons
pas, nous en fommes punis. (*Traité des Anim.*
part. 2 , chap. 7.)

CHAPITRE VII.

Analyfe des facultés de l'ame.

Nous avons vu comment la nature nous apprend à faire l'analyfe des objets fenfibles, &
nous donne, par cette voie, des idées de toutes
efpeces. Nous ne pouvons donc pas douter que
toutes nos connoiffances ne viennent des fens.

Mais il s'agit d'étendre la fphere de nos connoiffances. Or fi, pour l'étendre, nous avons
befoin de fçavoir conduire notre efprit, on conçoit que, pour apprendre à le conduire, il le
faut connoître parfaitement. Il s'agit donc de démêler toutes les facultés qui font enveloppées
dans la faculté de penfer. Pour remplir cet objet,
& d'autres encore , quels qu'ils puiffent être ,
nous n'aurons pas à chercher, comme on a fait
jufqu'à préfent, une nouvelle méthode à chaque
étude nouvelle : l'analyfe doit fuffire à toutes,
fi nous fçavons l'employer.

C'eft l'ame feule qui connoît , parce que c'eft

On trouve dans la faculté de sentir, toutes les facultés de l'ame.

l'ame seule qui sent ; & il n'appartient qu'à elle de faire l'analyse de tout ce qui lui est connu par sensation. Cependant, comment apprendra-t-elle à se conduire, si elle ne se connoît pas elle-même, si elle ignore ses facultés ? Il faut donc, comme nous venons de le remarquer, qu'elle s'étudie ; il faut que nous découvrions toutes les facultés dont elle est capable. Mais où les découvrirons-nous, sinon dans la faculté de sentir ? Certainement cette faculté enveloppe toutes celles qui peuvent venir à notre connoissance. Si ce n'est que parce que l'ame sent, que nous connoissons les objets qui sont hors d'elle, connoî-trons-nous ce qui se passe en elle, autrement que parce qu'elle sent ? Tout nous invite donc à faire l'analyse de la faculté de sentir ; essayons.

Une réflexion rendra cette analyse bien facile ; c'est que, pour décomposer la faculté de sentir, il suffit d'observer successivement tout ce qui s'y passe lorsque nous acquérons une connoissance quelconque. Je dis *une connoissance quelconque*, parce que ce qui s'y passe pour en acquérir plu-sieurs, ne peut être qu'une répétition de ce qui s'y est passé pour en acquérir une seule.

L'attention.

Lorsqu'une campagne s'offre à ma vue, je vois tout d'un premier coup d'œil, & je ne discerne rien encore. Pour démêler différens objets, & me faire une idée distincte de leur forme & de leur

leur fituation, il faut que j'arrête mes regards fur chacun d'eux : c'eft ce que nous avons déja obfervé. Mais quand j'en regarde un, les autres, quoique je les voie encore, font cependant, par rapport à moi, comme fi je ne les voyois plus ; & parmi tant de fenfations qui fe font à-la-fois, il femble que je n'en éprouve qu'une, celle de l'objet fur lequel je fixe mes regards.

Ce regard eft une action par laquelle mon œil tend à l'objet fur lequel il fe dirige : par cette raifon je lui donne le nom d'*attention* ; & il m'eft évident que cette direction de l'organe eft toute la part que le corps peut avoir à l'atten-tion. Quelle eft donc la part de l'ame ? Une fen-fation que nous éprouvons comme fi elle étoit feule, parce que toutes les autres font comme fi nous ne les éprouvions pas.

L'attention que nous donnons à un objet, n'eft donc, de la part de l'ame, que la fenfation que cet objet fait fur nous ; fenfation qui devient en quelque forte exclufive ; & cette faculté eft la première que nous remarquons dans la faculté de fentir.

Comme nous donnons notre attention à un objet, nous pouvons la donner à deux à-la-fois. Alors, au lieu d'une feule fenfation exclufive, nous en éprouvons deux ; & nous difons que nous les comparons, parce que nous ne les

La compa-raifon.

D

éprouvons exclusivement que pour les observer l'une à côté de l'autre, sans être distraits par d'autres sensations : or c'est proprement ce que signifie le mot *comparer*.

La comparaison n'est donc qu'une double attention : elle consiste dans deux sensations qu'on éprouve comme si on les éprouvoit seules, & qui excluent toutes les autres.

Un objet est présent ou absent. S'il est présent, l'attention est la sensation qu'il fait actuellement sur nous ; s'il est absent, l'attention est le souvenir de la sensation qu'il a faite. C'est à ce souvenir que nous devons le pouvoir d'exercer la faculté de comparer des objets absens comme des objets présens. Nous traiterons bientôt de la mémoire.

Le jugement.

Nous ne pouvons comparer deux objets, ou éprouver, comme l'une à côté de l'autre, les deux sensations qu'ils font exclusivement sur nous, qu'aussi-tôt nous n'appercevions qu'ils se ressemblent ou qu'ils different. Or, appercevoir des ressemblances ou des différences, c'est juger. Le jugement n'est donc encore que sensations. (*Grammaire, part.* 1 *, ch.* 4.)

La réflexion.

Si, par un premier jugement, je connois un rapport, pour en connoître un autre j'ai besoin d'un second jugement. Que je veuille, par exemple, sçavoir en quoi deux arbres different ;

j'en obferverai fucceffivement la forme, la tige, les branches, les feuilles, les fruits, &c. je comparerai fucceffivement toutes ces chofes; je ferai une fuite de jugemens; & parce qu'alors mon attention réfléchit, en quelque forte, d'un objet fur un objet, je dirai que je réfléchis. La réflexion n'eft donc qu'une fuite de jugemens qui fe font par une fuite de comparaifons; & puifque dans les comparaifons & dans les juge-mens il n'y a que des fenfations, il n'y a donc auffi que des fenfations dans la réflexion.

Lorfque par la réflexion on a remarqué les qualités par où les objets different, on peut, par la même réflexion, raffembler dans un feul les qualités qui font féparées dans plufieurs. C'eft ainfi qu'un poëte fe fait, par exemple, l'idée d'un héros qui n'a jamais exifté. Alors les idées qu'on fe fait font des images qui n'ont de réalité que dans l'efprit; & la réflexion qui fait ces images, prend le nom d'*imagination*.

L'imagina-tion.

Un jugement que je prononce peut en renfer-mer implicitement un autre que je ne prononce pas. Si je dis qu'un corps eft pefant, je dis im-plicitement que fi on ne le foutient pas, il tom-bera. Or, lorfqu'un fecond jugement eft ainfi ren-fermé dans un autre, on le peut prononcer com-me une fuite du premier, & par cette raifon on dit qu'il en eft la conféquence. On dira, par

Le raifonne-ment.

exemple , *Cette voûte eſt bien peſante : donc , ſi elle n'eſt pas aſſez ſoutenue , elle tombera.* Voilà ce qu'on entend par *faire un raiſonnement ;* ce n'eſt autre choſe que prononcer deux jugemens de cette eſpece. Il n'y a donc que des ſenſations dans nos raiſonnemens comme dans nos jugemens.

Le ſecond jugement du raiſonnement que nous venons de faire , eſt ſenſiblement renfermé dans le premier , & c'eſt une conſéquence qu'on n'a pas beſoin de chercher. Il faudroit au contraire chercher , ſi le ſecond jugement ne ſe montroit pas dans le premier d'une maniere auſſi ſenſible ; c'eſt-à-dire qu'il faudroit , en allant du connu à l'inconnu , paſſer , par une ſuite de jugemens intermédiaires , du premier juſqu'au dernier , & les voir tous ſucceſſivement renfermés les uns dans les autres. Ce jugement , par exemple , *Le mercure ſe ſoutient à une certaine hauteur dans le tube d'un barometre ,* eſt renfermé implicitement dans celui-ci , *L'air eſt peſant.* Mais parce qu'on ne le voit pas tout-à-coup , il faut , en allant du connu à l'inconnu , découvrir , par une ſuite de jugemens intermédiaires , que le premier eſt une conſéquence du ſecond. Nous avons déja fait de pareils raiſonnemens ; nous en ferons encore ; & quand nous aurons contracté l'habitude d'en faire , il ne nous ſera pas difficile d'en démêler tout l'artifice. On explique toujours les chofes qu'on fçait faire : commençons donc par raifonner [a].

Vous voyez que toutes les facultés que nous venons d'obferver, font renfermées dans la faculté de fentir. L'ame acquiert par elles toutes fes connoiffances : par elles elle entend les chofes qu'elle étudie en quelque forte, comme par l'oreille elle entend les fons : c'eft pourquoi la réunion de toutes ces facultés fe nomme *entendement*. L'entendement comprend donc l'attention, la comparaifon, le jugement, la réflexion, l'imagination & le raifonnement. On ne fçauroit s'en faire une idée plus exacte. (*Cours d'Etude*, *Leçons prél. art. 2. Traité des Anim. part. 2, ch. 5.*)

L'entende-
ment.

---

[a] Je me fouviens qu'on enfeignoit au College, que l'*art. de raifonner confifte à comparer enfemble deux idées par le moyen d'une troifieme. Pour juger*, difoit-on , *fi l'idée* A *renferme où exclut l'idée* B , *prenez une troifieme idée* C, *à laquelle vous les comparerez fucceffivement l'une & l'autre. Si l'idée* A *eft renfermée dans l'idée* C, & *l'idée* C *dans l'idée* B , *concluez que l'idée* A *eft renfermée dans l'idée* B. *Si l'idée* A *eft renfermée dans l'idée* C, & *que l'idée* C *exclue l'idée* B , *concluez que l'idée* A *exclut l'idée* B. Nous ne ferons aucun ufage de tout cela.

❊❊❊

CHAPITRE VIII.

Continuation du même sujet.

En confidérant nos fenfations comme repré-
fentatives, nous en avons vû naître toutes nos
idées, & toutes les opérations de l'entendement :
fi nous les confidérons comme agréables ou dé-
fagréables, nous en verrons naître toutes les
opérations qu'on rapporte à la volonté.

Le befoin.　　Quoique, par fouffrir, on entende proprement
éprouver une fenfation défagréable, il eft certain que la privation d'une fenfation agréable eft
une fouffrance plus ou moins grande. Mais il faut
remarquer qu'*être privé*, & *manquer*, ne fignifient pas la même chofe. On peut n'avoir jamais
joui des chofes dont on manque ; on peut même
ne les pas connoître. Il en eft tout autrement des
chofes dont nous fommes privés : non-feulement
nous les connoiffons, mais encore nous fommes
dans l'habitude d'en jouir, ou du moins d'imaginer le plaifir que la jouiffance peut promettre.
Or une pareille privation eft une fouffrance,
qu'on nomme plus particuliérement *befoin*. Avoir
befoin d'une chofe, c'eft fouffrir parce qu'on
en eft privé.

Le mal-aife.　　Cette fouffrance, dans fon plus foible degré, eſt moins une douleur qu'un état où nous ne nous trouvons pas bien, où nous ne ſommes pas à notre aiſe : je nomme cet état *mal-aiſe.*

Le mal-aiſe nous porte à nous donner des mouvemens pour nous procurer la choſe dont nous avons beſoin. Nous ne pouvons donc pas reſter dans un parfait repos ; &, par cette raiſon, le mal-aiſe prend le nom d'*inquiétude*. Plus nous trouvons d'obſtacles à jouir, plus notre inquiétude croît ; & cet état peut devenir un tourment.

L'inquiétude.

Le beſoin ne trouble notre repos, ou ne produit l'inquiétude, que parce qu'il détermine les facultés du corps & de l'ame ſur les objets dont la privation nous fait ſouffrir. Nous nous retraçons le plaiſir qu'ils nous ont fait : la réflexion nous fait juger de celui qu'ils peuvent nous faire encore : l'imagination l'exagere ; & pour jouir, nous nous donnons tous les mouvemens dont nous ſommes capables. Toutes nos facultés ſe dirigent donc ſur les objets dont nous ſentons le beſoin ; & cette direction eſt proprement ce que nous entendons par *deſir.*

Le deſir.

Comme il eſt naturel de ſe faire une habitude de jouir des choſes agréables, il eſt naturel auſſi de ſe faire une habitude de les deſirer ; & les deſirs tournés en habitudes, ſe nomment *paſſions.* De pareils deſirs ſont en quelque ſorte permanens ; ou du moins, s'ils ſe ſuſpendent par inter

Les paſſions

valles, ils se renouvellent à la plus légere occasion. Plus ils sont vifs, plus les passions sont
violentes.

L'espérance. Si, lorsque nous desirons une chose, nous
jugeons que nous l'obtiendrons, alors ce jugement joint au desir, produit l'espérance. Un
La volonté. autre jugement produira la volonté : c'est celui
que nous portons, lorsque l'expérience nous a
fait une habitude de juger que nous ne devons
trouver aucun obstacle à nos desirs. *Je veux*
signifie *je desire, & rien ne peut s'opposer à mon*
desir ; tout y doit concourir.

Autre accep- Telle est au propre l'acception du mot *volonté.*
tion du mot Mais on est dans l'usage de lui donner une signi-
volonté. fication plus étendue, & l'on entend par *volonté*,
une faculté qui comprend toutes les habitudes
qui naissent du besoin, les desirs, les passions,
l'espérance, le désespoir, la crainte, la confiance,
la présomption, & plusieurs autres, dont il est
facile de se faire des idées.

La pensée. Enfin le mot *pensée*, plus général encore, comprend dans son acception toutes les facultés de
l'entendement & toutes celles de la volonté. Car
penser, c'est sentir, donner son attention, comparer, juger, réfléchir, imaginer, raisonner, de-
sirer, avoir des passions, espérer, craindre, &c.
(*Traité des Anim. part. 2, chap. 8, 9 & 10.*)
Nous avons expliqué comment les facultés de

l'ame naiffent fucceffivement de la fenfation ; & on voit qu'elles ne font que la fenfation qui fe transforme, pour devenir chacune d'elles.

Dans la feconde Partie de cet Ouvrage nous nous propofons de découvrir tout l'artifice du raifonnement. Il s'agit donc de nous préparer à cette recherche ; & nous nous y préparerons en effayant de raifonner fur une matiere qui eft fimple & facile, quoiqu'on foit porté à en juger autrement, quand on penfe aux efforts qu'on a faits jufqu'à préfent pour l'expliquer toujours fort mal. Ce fera le fujet du Chapitre fuivant.

CHAPITRE IX.

Des caufes de la fenfibilité & de la mémoire.

IL n'eft pas poffible d'expliquer en détail toutes les caufes phyfiques de la fenfibilité & de la mémoire. Mais, au lieu de raifonner d'après de fauffes hypothefes, on pourroit confulter l'expérience & l'analogie. Expliquons ce qu'on peut expliquer, & ne nous piquons pas de rendre raifon de tout.

Les uns fe repréfentent les nerfs comme des cordes tendues, capables d'ébranlemens & de vibrations, & ils croient avoir deviné la caufe des fenfations & de la mémoire. Il eft évident que cette fuppofition eft tout-à-fait imaginaire.

D'autres difent que le cerveau eft une fubf-tance molle, dans laquelle les efprits animaux font des traces. Ces traces fe confervent : les efprits animaux paffent & repaffent ; l'animal eft doué de fentiment & de mémoire. Ils n'ont pas fait attention que fi la fubftance du cerveau eft affez molle pour recevoir des traces, elle n'aura pas affez de confiftance pour les conferver ; & ils n'ont pas confidéré combien il eft impoffible qu'une infinité de traces fubfiftent dans une fubf-tance où il y a une action, une circulation con-tinuelles.

C'eft en jugeant des nerfs par les cordes d'un inftrument, qu'on a imaginé la premiere hypo-thefe ; & l'on a imaginé la feconde en fe re-préfentant les impreffions qui fe font dans le cerveau par des empreintes fur une furface dont toutes les parties font en repos. Certainement ce n'eft pas là raifonner d'après l'obfervation, ni d'après l'analogie ; c'eft comparer des chofes qui n'ont point de rapport.

Il y a dans l'animal un mouvement qui eft le principe de la végétation.

J'ignore s'il y a des efprits animaux ; j'ignore même fi les nerfs font l'organe du fentiment. Je ne connois ni le tiffu des fibres, ni la nature des folides, ni celle des fluides : je n'ai, en un mot, de tout ce mécanifme qu'une idée fort imparfaite & fort vague. Je fçais feulement qu'il y a un mouvement qui eft le principe de la végétation & de la fenfibilité ; que l'animal vit tant que ce mouvement fubfifte, qu'il meurt dès que ce mouvement ceffe.

L'expérience m'apprend que l'animal peut être réduit à un état de végétation : il y eft naturellement par un fommeil profond, il y eft accidentellement par une attaque d'apoplexie.

Je ne forme point de conjectures fur le mouvement qui fe fait alors en lui. Tout ce que nous fçavons, c'eft que le fang circule, que les vifceres & les glandes font les fonctions néceffaires pour entretenir & réparer les forces : mais nous ignorons par quelles loix le mouvement opere tous ces effets. Cependant ces loix exiftent, & elles font prendre au mouvement les déterminations qui font végéter l'animal.

Mais quand l'animal fort de l'état de végétation pour devenir fenfible, le mouvement obéit à d'autres loix, & fuit de nouvelles déterminations. Si l'œil, par exemple, s'ouvre à la lumiere, les rayons qui le frappent, font prendre au mouvement qui le faifoit végéter, les déterminations qui le rendent fenfible. Il en eft de même des autres fens. Chaque efpece de fentiment a donc pour caufe une efpece particuliere de détermination dans le mouvement qui eft le principe de la vie.

Les déterminations dont ce mouvement eft fufceptible, font les caufes de la fenfibilité.

On voit par-là que le mouvement qui rend l'animal fenfible, ne peut être qu'une modification du mouvement qui le fait végéter ; modification occafionnée par l'action des objets fur les fens.

Ces détermi-
nations paf-
fent des orga-
nes au cer-
veau.
Mais le mouvement qui rend fenfible, ne fe fait pas feulement dans l'organe expofé à l'action des objets extérieurs ; il fe tranfmet encore jufqu'au cerveau, c'eft-à-dire, jufqu'à l'organe que l'obfervation démontre être le premier & le principal reffort du fentiment. La fenfibilité a donc pour caufe la communication qui eft entre les organes & le cerveau.

En effet, que le cerveau, comprimé par quelque caufe, ne puiffe pas obéir aux impreffions envoyées par les organes, auffi-tôt l'animal devient infenfible. La liberté eft-elle rendue à ce premier reffort ? alors les organes agiffent fur lui, il réagit fur eux, & le fentiment fe reproduit.

Quoique libre, il pourroit arriver que le cerveau eût peu, ou que même il n'eût point de communication avec quelque autre partie. Une obftruction, par exemple, ou une forte ligature au bras, diminueroit ou fufpendroit le commerce du cerveau avec la main. Le fentiment de la main s'affoibliroit donc, ou cefferoit entiérement.

Toutes ces propofitions font conftatées par

les obfervations ; je n'ai fait que les dégager de toute hypothefe arbitraire : c'étoit le feul moyen de les mettre dans leur vrai jour.

Dès que les différentes déterminations données au mouvement qui fait végéter, font l'unique caufe phyfique & occafionnelle de la fenfibilité, il s'enfuit que nous ne fentons qu'autant que nos organes touchent ou font touchés ; & c'eft par le contact que les objets, en agiffant fur les organes, communiquent au mouvement qui fait végéter, les déterminations qui rendent fenfible. Ainfi l'on peut confidérer l'odorat, l'ouïe, la vue & le goût, comme des extenfions du tact. L'œil ne verra point, fi des corps d'une certaine forme ne viennent heurter contre la rétine : l'oreille n'entendra pas, fi d'autres corps d'une forme différente ne viennent frapper le tympan. En un mot, le principe de la variété des fenfations eft dans les différentes déterminations que les objets produifent dans le mouvement, fuivant l'organifation des parties expofées à leur action.

Mais comment le contact de certains corpufcules occafionnera-t-il les fenfations de fon, de lumiere, de couleur ? On en pourroit peut-être rendre raifon, fi l'on connoiffoit l'effence de l'ame, le mécanifme de l'œil, de l'oreille, du cerveau, la nature des rayons qui fe répandent fur la rétine, & de l'air qui frappe le tympan. Mais c'eft ce que nous ignorons ; & l'on peut abandonner l'explication de ces phénomenes à ceux qui aiment à faire des hypothefes fur les chofes où l'expérience n'eft d'aucun fecours.

Si Dieu formoit dans notre corps un nouvel organe, propre à faire prendre au mouvement de nouvelles déterminations, nous éprouverions des fenfations différentes de celles que nous avons eues jufqu'à préfent. Cet organe nous feroit découvrir dans les objets des propriétés dont aujourd'hui nous ne fçaurions nous faire aucune idée. Il feroit une fource de nouveaux plaifirs, de nouvelles peines, & par conféquent de nouveaux befoins.

Il en faut dire autant d'un feptieme fens, d'un huitieme, & de tous ceux qu'on voudra fup-pofer, quel qu'en foit le nombre. Il eft certain qu'un nouvel organe dans notre corps rendroit le mouvement qui le fait végéter, fufceptible de bien des modifications que nous ne fçaurions imaginer.

Ces fens feroient remués par des corpufcules d'une certaine forme : ils s'inftruiroient, comme les autres, d'après le toucher, & ils appren-droient de lui à rapporter leurs fenfations fur les objets.

Mais les fens que nous avons fuffifent à notre

conſervation : ils ſont même un tréſor de connoiſſances pour ceux qui ſçavent en faire uſage ;
& ſi les autres n'y puiſent pas les mêmes richeſ-
ſes, ils ne ſe doutent pas de leur indigence.
Comment imagineroient-ils qu'on voit dans des
ſenſations qui leur ſont communes, ce qu'ils n'y
voient pas eux-mêmes ?

Ceux que nous avons nous ſuffi-ſent.

L'action des ſens ſur le cerveau rend donc
l'animal ſenſible. Mais cela ne ſuffit pas pour
donner au corps tous les mouvemens dont il
eſt capable ; il faut encore que le cerveau agiſſe
ſur tous les muſcles & ſur tous les organes intérieurs deſtinés à mouvoir chacun des membres. Or l'obſervation démontre cette action du
cerveau.

Comment l'animal ap-prend à ſe mouvoir à volonté.

Par conſéquent, lorſque ce principal reſſort
reçoit certaines déterminations de la part des ſens,
il en communique d'autres à quelques-unes des
parties du corps, & l'animal ſe meut.

L'animal n'auroit que des mouvemens incertains, ſi l'action des ſens ſur le cerveau, & du
cerveau ſur les membres, n'eût été accompagné
d'aucun ſentiment. Mû ſans éprouver ni peine
ni plaiſir, il n'eût pris aucun intérêt aux mouvemens de ſon corps : il ne les eût donc pas
obſervés, il n'eût donc pas appris à les régler
lui-même.

Mais dès qu'il eſt invité par la peine ou par

le plaifir, à éviter ou à faire certains mouvemens, c'eft une conféquence qu'il fe faffe une
étude de les éviter ou de les faire. Il compare
les fentimens qu'il éprouve : il remarque les mouvemens qui les précédent, & ceux qui les ac-
compagnent : il tâtonne, en un mot ; & après
bien des tâtonnemens, il contracte enfin l'habitude de fe mouvoir à fa volonté. C'eft alors qu'il
a des mouvemens réglés. Tel eft le principe de
toutes les habitudes du corps.

Ces habitudes font des mouvemens réglés,
qui fe font en nous fans que nous paroiffions
les diriger nous-mêmes ; parce qu'à force de les
avoir répétés, nous les faifons fans avoir befoin
d'y penfer. Ce font ces habitudes qu'on nomme
mouvemens naturels, actions mécaniques, inflinct,
& qu'on fuppofe fauffement être nées avec nous.
On évitera ce préjugé, fi l'on juge de ces habitudes par d'autres qui nous font devenues tout
auffi naturelles, quoique nous nous fouvenions
de les avoir acquifes.

La premiere fois, par exemple, que je porte
les doigts fur un claveffin, ils ne peuvent avoir
que des mouvemens incertains : mais à mefure
que j'apprends à jouer de cet inftrument, je me
fais infenfiblement une habitude de mouvoir mes
doigts fur le clavier. D'abord ils obéiffent avec
peine aux déterminations que je veux leur faire

prendre :

prendre : peu à peu ils furmontent les obftacles ; enfin ils fe meuvent d'eux-mêmes à ma volonté, ils la préviennent même, & ils exécutent un morceau de mufique pendant que ma réflexion fe porte fur toute autre chofe.

Ils contractent donc l'habitude de fe mouvoir fuivant un certain nombre de déterminations ; & comme il n'eft point de touche par où un air ne puiffe commencer, il n'eft point de détermination qui ne puiffe être la premiere d'une certaine fuite. L'exercice combine tous les jours différemment ces déterminations ; les doigts acquierent tous les jours plus de facilité : enfin ils obéiffent, comme d'eux-mêmes, à une fuite de mouvemens déterminés ; & ils y obéiffent fans effort, fans qu'il foit néceffaire que j'y faffe attention. C'eft ainfi que les organes des fens, ayant contracté différentes habitudes, fe meuvent d'eux-mêmes, & que l'ame n'a plus befoin de veiller continuellement fur eux pour en régler les mouvemens.

Mais le cerveau eft le premier organe : c'eft un centre commun où tous fe réuniffent, & d'où même tous paroiffent naître. En jugeant donc du cerveau par les autres fens, nous ferons en droit de conclure que toutes les habitudes du corps paffent jufqu'à lui, & que par conféquent les fibres qui le compofent, propres, par leur flexibilité, à des mouvemens de toute espéce, acquierent, comme les doigts, l'habitude d'obéir à différentes suites de mouvemens déterminés. Cela étant, le pouvoir qu'a mon cerveau de me rappeller un objet, ne peut être que la facilité qu'il a acquise de se mouvoir par lui-même de la même maniere qu'il étoit mû lorsque cet objet frappoit mes sens.

La cause physique & occasionnelle qui conserve ou qui rappelle les idées, est donc dans les déterminations dont le cerveau, ce principal organe du sentiment, s'est fait une habitude, & qui subsistent encore, ou se reproduisent, lors même que les sens cessent d'y concourir. Car nous ne nous retracerions pas les objets que nous avons vus, entendus, touchés, si le mouvement ne prenoit pas les mêmes déterminations que lorsque nous voyons, entendons, touchons. En un mot, l'action mécanique suit les mêmes loix, soit qu'on éprouve une sensation, soit qu'on se souvienne seulement de l'avoir éprouvée, & la mémoire n'est qu'une maniere de sentir.

Les idées auxquelles on ne pense point, ne sont nulle part.

J'ai souvent ouï demander : *Que deviennent les idées dont on cesse de s'occuper ? Où se conservent-elles ? D'où reviennent-elles, lorsqu'elles se représentent à nous ? Est-ce dans l'ame qu'elles existent pendant ces longs intervalles où nous n'y pensons point ? Est-ce dans le corps ?*

A ces queſtions, & aux réponſes que font les métaphyſiciens, on croiroit que les idées font comme toutes les choſes dont nous faiſons des proviſions, & que la mémoire n'eſt qu'un vaſte magaſin. Il feroit tout auſſi raiſonnable de donner de l'exiſtence aux différentes figures qu'un corps a eues ſucceſſivement, & de demander : *Que devient la rondeur de ce corps, lorſqu'il prend une autre figure ? Où ſe conſerve-t-elle ? Et lorſ- que ce corps redevient rond, d'où lui vient la rondeur ?*

Les idées font, comme les ſenſations, des ma- nieres d'être de l'ame. Elles exiſtent tant qu'elles la modifient ; elles n'exiſtent plus dès qu'elles ceſſent de la modifier. Chercher dans l'ame celles auxquelles je ne penſe point du tout, c'eſt les chercher où elles ne font plus : les chercher dans le corps, c'eſt les chercher où elles n'ont jamais été. Où font-elles donc ? Nulle part.

Ne feroit-il pas abſurde de demander où font les fons d'un claveſſin, lorſque cet inſtrument ceſſe de réſonner ? Et ne répondroit-on pas : *Ils ne font nulle part : mais ſi les doigts frappent le clavier, & ſe meuvent comme ils ſe font mûs, ils reproduiront les mêmes fons.*

Je répondrai donc que mes idées ne font nulle part, lorſque mon ame ceſſe d'y penſer ; mais qu'elles ſe retraceront à moi auſſi-tôt que

les mouvemens propres à les reproduire fe re-
nouvelleront.

Quoique je ne connoiſſe pas le mécaniſme
du cerveau, je puis donc juger que ſes différentes parties ont acquis la facilité de ſe mouvoir d'elles-mêmes, de la même maniere dont
elles ont été mûes par l'action des ſens ; que les
habitudes de cet organe ſe conſervent ; que
toutes les fois qu'il leur obéit, il retrace les
mêmes idées, parce que les mêmes mouvemens
ſe renouvellent en lui ; qu'en un mot, on a des
idées dans la mémoire, comme on a dans les
doigts des pieces de claveſſin : c'eſt-à-dire que
le cerveau a , comme tous les autres ſens, la
facilité de ſe mouvoir ſuivant les déterminations
dont il s'eſt fait une habitude. Nous éprouvons
des ſenſations à peu près comme un claveſſin
rend des ſons. Les organes extérieurs du corps
humain ſont comme les touches, les objets qui
les frappent ſont comme les doigts ſur le clavier, les organes intérieurs ſont comme le corps
du claveſſin , les ſenſations ou les idées ſont
comme les ſons ; & la mémoire a lieu, lorſque
les idées qui ont été produites par l'action des
objets ſur les ſens, ſont reproduites par les mouvemens dont le cerveau a contracté l'habitude.

 Si la mémoire, lente ou rapide, retrace les choſes tantôt avec ordre , tantôt avec confuſion,

c'eſt que la multitude des idées ſuppoſe dans le cerveau des mouvemens en ſi grand nombre, & ſi variés, qu'il n'eſt pas poſſible qu'ils ſe reproduiſent toujours avec la même facilité & la même exactitude.

re s'expliquent par les habitudes du cerveau.

Tous les phénomenes de la mémoire dépendent des habitudes contractées par les parties mobiles & flexibles du cerveau; & tous les mouvemens dont ces parties ſont ſuſceptibles, ſont liés les uns aux autres, comme toutes les idées qu'ils rappellent ſont liées entre elles.

C'eſt ainſi que les mouvemens des doigts ſur le clavier ſont liés entre eux, comme les ſons du chant qu'on fait entendre; que le chant eſt trop lent, ſi les doigts ſe meuvent trop lentement; & qu'il eſt confus, ſi les mouvemens des doigts ſe confondent. Or, comme la multitude des pieces qu'on apprend ſur le claveſſin, ne permet pas toujours aux doigts de conſerver les habitudes propres à les exécuter avec facilité & netteté; de même la multitude des choſes dont on veut ſe reſſouvenir, ne permet pas toujours au cerveau de conſerver les habitudes propres à retracer les idées avec facilité & préciſion.

Qu'un habile organiſte porte ſans deſſein les mains ſur le clavier; les premiers ſons qu'il fait entendre, déterminent ſes doigts à continuer de ſe mouvoir, & à obéir à une ſuite de mouvemens qui

E iij

produifent une fuite de fons dont la mélodie & l'harmonie l'étonnent quelquefois lui-même. Cependant il conduit fes doigts fans effort, fans paroître y faire attention.

C'eft de la forte qu'un premier mouvement occafionné dans le cerveau par l'action d'un objet fur nos fens, détermine une fuite de mouvemens qui retracent une fuite d'idées ; & parce que, pendant tout le temps que nous veillons, nos fens, toujours expofés aux impreffions des objets, ne ceffent point d'agir fur le cerveau, il arrive que notre mémoire eft toujours en action. Le cerveau, continuellement ébranlé par les organes, n'obéit pas feulement à l'impreffion qu'il en reçoit immédiatement, il obéit encore à tous les mouvemens que cette premiere impreffion doit reproduire. Il va par habitude de mouvement en mouvement, il devance l'action des fens, il retrace de longues fuites d'idées : il fait plus encore ; il réagit fur les fens avec vivacité, il leur renvoie les fenfations qu'ils lui ont auparavant envoyées, & il nous perfuade que nous voyons ce que nous ne voyons pas.

Ainfi donc que les doigts confervent l'habitude d'une fuite de mouvemens, & peuvent, à la plus légere occafion, fe mouvoir comme ils fe font mûs, le cerveau conferve également fes habitudes ; & ayant une fois été excité par l'action des fens, il paffe de lui-même par les mouvemens qui lui font familiers., & il rappelle des idées.

Mais comment s'exécutent ces mouvemens ? Comment fuivent-ils différentes déterminations ? C'eft ce qu'il eft impoffible d'approfondir. Si même on faifoit ces queftions fur les habitudes que prennent les doigts , je n'y pourrois pas répondre. Je ne tenterai donc pas de me perdre à ce fujet en conjectures. Il me fuffit de juger des habitudes du cerveau par les habitudes de chaque fens : il faut fe contenter de connoître que le même mécanifme, quel qu'il foit, donne, conferve & reproduit les idées.

Nous venons de voir que la mémoire a principalement fon fiege dans le cerveau : il me paroît qu'elle l'a encore dans tous les organes de nos fenfations ; car elle doit l'avoir par-tout où eft la caufe occafionnelle des idées que nous nous rappellons. Or fi , pour nous donner la premiere fois une idée, il a fallu que les fens aient agi fur le cerveau, il paroît que le fouvenir de cette idée ne fera jamais plus diftinct que lorfqu'à fon tour le cerveau agira fur les fens. Ce commerce d'action eft donc néceffaire pour fufciter l'idée d'une fenfation paffée, comme il eft néceffaire pour produire une fenfation actuelle. En effet, nous ne nous repréfentons, par exemple, jamais mieux une figure, que lorfque nos mains reprennent la même forme que le taƈt leur avoit fait prendre. En pareil cas la mémoire nous parle en quelque forte un langage d'aƈtion.

La mémoire d'un air qu'on exécute fur un inftrument, a fon fiege dans les doigts, dans l'oreille & dans le cerveau : dans les doigts, qui fe font fait une habitude d'une fuite de mouvemens ; dans l'oreille, qui ne juge les doigts, & qui, au befoin, ne les dirige, que parce qu'elle s'eft fait de fon côté une habitude d'une autre fuite de mouvemens ; & dans le cerveau, qui s'eft fait une habitude de paffer par les formes qui répondent exaƈtement aux habitudes des doigts & à celles des oreilles.

On remarque facilement les habitudes que les doigts ont contraƈtées : on ne peut pas également obferver celles des oreilles, moins encore celles du cerveau : mais l'analogie prouve qu'elles exiftent.

Pourroit-on fçavoir une langue, fi le cerveau ne prenoit pas des habitudes qui répondent à celles des oreilles pour l'entendre, à celles de la bouche pour la parler, à celles des yeux pour la lire ? Le fouvenir d'une langue n'eft donc pas uniquement dans les habitudes du cerveau ; il eft encore dans les habitudes des organes de l'ouïe, de la parole & de la vue.

D'après les principes que je viens d'établir, il feroit facile d'expliquer les fonges : car les idées que nous avons dans le fommeil, reffemblent affez à ce qu'exécute un organifte, lorfque, dans des momens de diftraction, il laiffe aller fes doigts comme au hafard. Certainement fes doigts ne font que ce qu'ils ont appris à faire : mais ils ne le font pas dans le même ordre ; ils coufent enfemble divers paffages tirés des différens morceaux qu'ils ont étudiés.

Jugeons donc par analogie de ce qui fe paffe dans le cerveau, d'après ce que nous obfervons dans les habitudes d'une main exercée fur un inftrument ; & nous conclurons que les fonges font l'effet de l'action de ce principal organe fur les fens, lorfqu'au milieu du repos de toutes les parties du corps, il conferve affez d'activité pour obéir à quelques-unes de fes habitudes. Or, dès qu'il fe meut comme il a été mû lorfque nous avions des fenfations, alors il agit fur les fens, & auffi-tôt nous entendons & nous voyons : c'eft ainfi qu'un manchot croit fentir la main qu'il n'a plus. Mais, en pareil cas, le cerveau retrace d'ordinaire les chofes avec beaucoup de défordre, parce que les habitudes, dont l'action eft arrêtée par le fommeil, interceptent un grand nombre d'idées.

Puifque nous avons expliqué comment fe

La mémoire
se perd par-
ce que le cer-
veau perd ses
habitudes.

contractent les habitudes qui font la mémoire ,
il sera facile de comprendre comment elles se
perdent.

Premiérement, si elles ne sont pas continuellement entretenues, ou du moins renouvellées
fréquemment. Ce sera le sort de toutes celles
auxquelles les sens cesseront de donner occasion.

En second lieu, si elles se multiplient à un
certain point : car alors il y en aura que nous
négligerons. Aussi nous échappe-t-il des connoissances à mesure que nous en acquérons.

En troisieme lieu, une indisposition dans le
cerveau affoibliroit ou troubleroit la mémoire ,
si elle étoit un obstacle à quelques-uns des mouvemens dont il s'est fait une habitude. Alors il
y auroit des choses dont on ne conserveroit
point de souvenir ; il n'en resteroit même d'aucune, si l'indisposition empêchoit toutes les habitudes du cerveau.

En quatrieme lieu, une paralysie dans les organes produiroit le même effet : les habitudes du
cerveau ne manqueroient pas de se perdre peu
à peu, lorsqu'elles ne seroient plus entretenues
par l'action des sens.

Enfin la vieillesse porte coup à la mémoire.
Alors les parties du cerveau sont comme des
doigts qui ne sont plus assez flexibles pour se
mouvoir suivant toutes les déterminations qui

leur ont été familieres. Les habitudes se perdent peu à peu ; il ne reste que des sensations foibles qui vont bientôt échapper : le mouvement qui paroît les entretenir, est prêt à finir lui-même.

Le principe physique & occasionnel de la sensibilité est donc uniquement dans certaines déterminations dont le mouvement qui fait végéter l'animal, est susceptible ; & celui de la mémoire est dans ces déterminations, lorsqu'elles sont devenues autant d'habitudes. C'est l'analogie qui nous autorise à supposer que dans les organes que nous ne pouvons pas observer, il se passe quelque chose de semblable à ce que nous observons dans les autres. J'ignore par quel mécanisme ma main a assez de flexibilité & de mobilité pour contracter l'habitude de certaines déterminations de mouvemens; mais je sçais qu'il y a en elle flexibilité, mobilité, exercice, habitudes, & je suppose que tout cela se retrouve dans le cerveau, & dans les organes qui sont avec lui le siege de la mémoire.

Conclusion.

Par-là je n'ai sans doute qu'une idée très-imparfaite des causes physiques & occasionnelles de la sensibilité & de la mémoire ; j'en ignore tout-à-fait les premiers principes. Je connois qu'il y a en nous un mouvement, & je ne puis comprendre par quelle force il est produit. Je connois que ce mouvement est capable de différentes dé-

terminations, & je ne puis découvrir le mécanifme qui les regle. Je n'ai donc que l'avantage
d'avoir dégagé de toute hypothefe arbitraire ce
peu de connoiffance que nous avons fur une
matiere des plus obfcures. C'eft, je penfe, à
quoi les phyficiens doivent fe borner toutes
les fois qu'ils veulent faire des fyftêmes fur des
chofes dont il n'eft pas poffible d'obferver les
premieres caufes.

SECONDE PARTIE.

L'analyse considérée dans ses moyens &
dans ses effets ; ou l'art de raisonner
réduit à une langue bien faite.

Nous connoiſſons l'origine & la génération
de toutes nos idées ; nous connoiſſons également l'origine & la génération de toutes les facultés de l'ame ; & nous ſçavons que l'analyſe,
qui nous a conduits à ces connoiſſances, eſt l'unique méthode qui peut nous conduire à d'autres. Elle eſt proprement le levier de l'eſprit.
Il la faut étudier, & nous allons la conſidérer
dans ſes moyens & dans ſes effets.

CHAPITRE PREMIER.

Comment les connoiſſances que nous devons à la
nature, forment un ſyſtême où tout eſt parfaite-
ment lié ; & comment nous nous égarons lorſque
nous oublions ſes leçons.

Nous avons vu que par le mot *deſir* on ne
peut entendre que la direction de nos facultés
ſur les choſes dont nous avons beſoin. Nous n'a-

Comment la
nature nous
apprend à
raiſonner, en

réglant elle-même l'ufage de nos facultés.

vons donc des defirs que parce que nous avons des befoins à fatisfaire. Ainfi, befoins, defirs, voilà le mobile de toutes nos recherches.

Nos befoins, & les moyens d'y fatisfaire, ont leur raifon dans la conformation de nos organes, & dans les rapports des chofes à cette conformation. Par exemple, la maniere dont je fuis conformé, détermine les efpeces d'alimens dont j'ai befoin ; & la maniere dont les productions font conformées elles-mêmes, détermine celles qui peuvent me fervir d'alimens.

Je ne puis avoir de toutes ces différentes conformations qu'une connoiffance bien imparfaite ; je les ignore proprement : mais l'expérience m'apprend l'ufage des chofes qui me font abfolument néceffaires ; j'en fuis inftruit par le plaifir ou par la douleur ; je le fuis promptement : il me feroit inutile d'en fçavoir davantage, & la nature borne là fes leçons.

Nous voyons dans fes leçons un fyftême dont toutes les parties font parfaitement bien ordonnées. S'il y a en moi des befoins & des defirs, il y a hors de moi des objets propres à les fatiffaire, & j'ai la faculté de les connoître & d'en jouir.

Ce fyftême refferre naturellement mes connoiffances dans la fphere d'un petit nombre de befoins, & d'un petit nombre de chofes à mon uſage. Mais ſi mes connoiſſances ne ſont pas nombreuſes, elles ſont bien ordonnées, parce que je les ai acquiſes dans l'ordre même de mes beſoins, & dans celui des rapports où les choſes ſont à moi.

Je vois donc dans la ſphere de mes connoiſſances un ſyſtême qui correſpond à celui que l'Auteur de ma nature a ſuivi en me formant : & cela n'eſt pas étonnant ; car mes beſoins & mes facultés étant donnés, mes recherches & mes connoiſſances ſont données elles-mêmes.

Tout eſt lié également dans l'un & l'autre ſyſtême. Mes organes, les ſenſations que j'éprouve, les jugemens que je porte, l'expérience qui les confirme ou qui les corrige, forment l'un & l'autre ſyſtême pour ma conſervation ; & il ſemble que celui qui m'a fait, n'ait tout diſpoſé avec tant d'ordre, que pour veiller lui-même ſur moi. Voilà le ſyſtême qu'il faudroit étudier pour apprendre à raiſonner.

On ne ſçauroit trop obſerver les facultés que notre conformation nous donne, l'uſage qu'elle nous en fait faire ; en un mot, on ne ſçauroit trop obſerver ce que nous faiſons uniquement d'après elle. Ses leçons, ſi nous ſçavions en profiter, ſeroient la meilleure de toutes les logiques.

En effet, que nous apprend-elle ? A éviter ce qui peut nous nuire, & à rechercher ce qui peut nous être utile. Mais faudra-t-il pour cela que nous jugions de l'effence des êtres ? L'Auteur de notre nature ne l'exige pas. Il fçait qu'il n'a pas mis ces effences à notre portée : il veut feulement que nous jugions des rapports que les chofes ont à nous, & de ceux qu'elles ont entre elles, lorfque la connoiffance de ces derniers peut nous être de quelque utilité.

Nous avons un moyen pour juger de ces rapports, & il eft unique ; c'eft d'obferver les fenfations que les objets font fur nous. Autant nos fenfations peuvent s'étendre, autant la fphere de nos connoiffances peut s'étendre elle-même : au-delà, toute découverte nous eft interdite.

Dans l'ordre que notre nature ou notre conformation met entre nos befoins & les chofes, elle nous indique celui dans lequel nous devons étudier les rapports qu'il nous eft effentiel de connoître. D'autant plus dociles à fes leçons que nos befoins font plus preffans, nous faifons ce qu'elle nous indique de faire, & nous obfervons avec ordre. Elle nous fait donc analyfer de bien bonne heure.

Comme nos recherches fe bornent aux moyens de fatisfaire au petit nombre de befoins qu'elle nous a donnés ; fi nos premieres obfervations ont été bien faites, l'ufage que nous faifons des chofes les confirme auffi-tôt : fi elles ont été mal

faites,

faites, ce même ufage les détruit tout auffi promptement, & nous indique d'autres obfervations à
faire. Ainfi nous pouvons tomber dans des méprifes, parce qu'elles fe trouvent fur notre chemin : mais ce chemin eft celui de la vérité, &
il nous y conduit.

Obferver des rapports, confirmer fes jugemens
par de nouvelles obfervations, ou les corriger
en obfervant de nouveau, voilà donc ce que
la nature nous fait faire ; & nous ne faifons que
le faire & le refaire à chaque nouvelle connoiffance que nous acquérons. Tel eft l'art de raifonner : il eft fimple comme la nature qui nous
l'apprend.

Il femble donc que nous connoiffions déja cet
art autant qu'il eft poffible de le connoître. Cela
feroit vrai en effet, fi nous avions toujours été
capables de remarquer que c'eft la nature qui l'en-
feigne, & qui peut feule l'enfeigner : car alors
nous aurions continué comme elle nous a fait
commencer.

Comment, oubliant les leçons de la nature, nous raifonnons d'après de mauvaifes ha-bitudes.

Mais nous avons fait cette remarque trop tard :
difons mieux ; nous la faifons aujourd'hui pour
la premiere fois. C'eft pour la premiere fois que
nous voyons dans les leçons de la nature tout
l'artifice de cette analyfe, qui a donné aux hommes de génie le pouvoir de créer les fciences,
ou d'en reculer les bornes.

F

Nous avons donc oublié ces leçons ; & c'eſt pourquoi, au lieu d'obſerver les choſes que nous voulions connoître, nous avons voulu les imaginer. De ſuppoſitions fauſſes en ſuppoſitions fauſſes, nous nous ſommes égarés parmi une multitude d'erreurs ; & ces erreurs étant devenues des préjugés, nous les avons priſes, par cette raiſon, pour des principes : nous nous ſommes donc égarés de plus en plus. Alors nous n'avons ſçu raiſonner que d'après les mauvaiſes habitudes que nous avions contraĉtées. L'art d'abuſer des mots a été pour nous l'art de raiſonner : arbitraire, frivole, ridicule, abſurde, il a eu tous les vices des imaginations déréglées.

Pour apprendre à raiſonner, il s'agit donc de nous corriger de toutes ces mauvaiſes habitudes ; & voilà ce qui rend aujourd'hui ſi difficile cet art, qui ſeroit facile par lui-même. Car nous obéiſſons à ces habitudes bien plus volontiers qu'à la nature. Nous les appellons une ſeconde nature, pour excuſer notre foibleſſe ou notre aveuglement ; mais c'eſt une nature altérée & corrompue.

Nous avons remarqué que pour contraĉter une habitude, il n'y a qu'à faire ; & que pour la perdre, il n'y a qu'à ceſſer de faire. Il ſemble donc que l'un ſoit auſſi facile que l'autre, & cependant cela n'eſt pas. C'eſt que, lorſque nous

voulons prendre une habitude , nous penfons
avant de faire ; & que lorfque nous la voulons
perdre , nous avons fait avant d'avoir penfé.
D'ailleurs, quand les habitudes font devenues ce
que nous appellons une feconde nature, il nous
eft prefque impoffible de remarquer qu'elles font
mauvaifes. Les découvertes de cette efpece font
les plus difficiles : auffi échappent-elles au plus
grand nombre.

Je n'entends parler que des habitudes de l'efprit : car lorfqu'il s'agit de celles du corps, tout
le monde eft fait pour en juger. L'expérience
fuffit pour nous apprendre fi elles font utiles ou
nuifibles ; & lorfqu'elles ne font ni l'un ni l'autre,
l'ufage en fait ce qu'il veut , & nous en jugeons
d'après lui.

Malheureufement les habitudes de l'ame font
également foumifes aux caprices de l'ufage, qui
femble ne permettre ni doute, ni examen ; &
elles font d'autant plus contagieufes, que l'efprit
a autant de répugnance à voir fes défauts, que
de pareffe à réfléchir fur lui-même. Les uns feroient honteux de ne pas penfer comme tout le
monde : les autres trouveroient trop de fatigue
à ne penfer que d'après eux ; & fi quelques-uns
ont l'ambition de fe fingularifer, ce fera fouvent
pour penfer plus mal encore. En contradiction
avec eux-mêmes , ils ne voudront pas penfer

comme les autres , & cependant ils ne toléreront pas qu'on penſe autrement qu'eux.

Si vous voulez connoître les mauvaiſes habitudes de l'eſprit humain , obſervez les différentes opinions des peuples. Voyez les idées fauſſes , contradictoires , abſurdes que la ſuperſtition a répandues de toutes parts ; & jugez de la force des habitudes, à la paſſion qui fait reſpecter l'erreur bien plus que la vérité.

Conſidérez les nations depuis leur commencement juſqu'à leur décadence , & vous verrez les préjugés ſe multiplier avec les déſordres : vous ferez étonné du peu de lumiere que vous trouverez dans les ſiecles même qu'on nomme éclairés. En général, quelles légiſlations ! quels gouvernemens ! quelle juriſprudence ! Combien peu de peuples ont eu de bonnes loix ! & combien peu les bonnes loix durent-elles !

Enfin, ſi vous obſervez l'eſprit philoſophique chez les Grecs, chez les Romains , & chez les peuples qui leur ont ſuccédé , vous verrez, aux opinions qui ſe tranſmettent d'âge en âge , combien l'art de régler la penſée a été peu connu dans tous les ſiecles ; & vous ferez ſurpris de l'ignorance où nous ſommes encore à cet égard , ſi vous conſidérez que nous venons après des hommes de génie qui ont reculé les bornes de nos connoiſſances. Tel eſt en général le caractere des ſectes :

ambitieufes de dominer exclufivement, il eſt rare qu'elles ne cherchent que la vérité ; elles veulent fur-tout fe fingularifer. Elles agitent des queſtions frivoles, elles parlent des jargons inintelligibles, elles obſervent peu, elles donnent leurs rêves pour des interprétations de la nature ; enfin, occupées à fe nuire les unes aux autres, & à fe faire chacune de nouveaux partifans, elles emploient à cet effet toutes fortes de moyens, & facrifient tout aux opinions qu'elles veulent répandre.

La vérité eſt bien difficile à reconnoître parmi tant de fyſtêmes monſtrueux, qui font entretenus par les caufes qui les ont produits ; c'eſt-à-dire, par les fuperſtitions, par les gouvernemens, & par la mauvaife philofophie. Les erreurs, trop liées les unes aux autres, fe défendent mutuellement. En vain on en combattroit quelques-unes : il faudroit les détruire toutes à-la-fois ; c'eſt-à-dire qu'il faudroit tout-à-coup changer toutes les habitudes de l'efprit humain. Mais ces habitudes font trop invétérées : les paffions qui nous aveuglent, les entretiennent ; & fi par hafard il eſt quelques hommes capables d'ouvrir les yeux, ils font trop foibles pour rien corriger : les puiffans veulent que les abus & les préjugés durent.

Toutes ces erreurs paroiſſent fuppofer en nous autant de mauvaifes habitudes, que de jugemens

Unique
moyen de
mettre de

faux reçus pour vrais. Cependant toutes ont la même origine, & viennent également de l'habitude de nous fervir des mots avant d'en avoir déterminé la fignification, & même fans avoir fenti le befoin de la déterminer. Nous n'obfervons rien : nous ne fçavons pas combien il faut obferver : nous jugeons à la hâte, fans nous rendre compte des jugemens que nous portons ; & nous croyons acquérir des connoiffances en apprenant des mots qui ne font que des mots. Parce que, dans notre enfance, nous penfons d'après les autres, nous en adoptons tous les préjugés ; & lorfque nous parvenons à un âge où nous croyons penfer d'après nous-mêmes, nous continuons de penfer encore d'après les autres, parce que nous penfons d'après les préjugés qu'ils nous ont donnés. Alors, plus l'efprit femble faire de progrès, plus il s'égare, & les erreurs s'accumulent de générations en générations. Quand les chofes font parvenues à ce point, il n'y a qu'un moyen de remettre l'ordre dans la faculté de penfer ; c'eft d'oublier tout ce que nous avons appris, de reprendre nos idées à leur origine, d'en fuivre la génération, & de refaire, comme dit Bacon, l'entendement humain.

Ce moyen eft d'autant plus difficile à pratiquer, qu'on fe croit plus inftruit. Auffi des ouvrages où les fciences feroient traitées avec une grande netteté, une grande précifion, un grand ordre, ne feroient-ils pas également à la portée de tout le monde. Ceux qui n'auroient rien étudié, les entendroient bien mieux que ceux qui ont fait de grandes études, & fur-tout que ceux qui ont beaucoup écrit fur les fciences. Il feroit même prefque impoffible que ceux-ci luffent de pareils ouvrages comme ils demandent à être lus. Une bonne Logique feroit dans les efprits une révolution bien lente, & le temps pourroit feul en faire connoître un jour l'utilité.

Voilà donc les effets d'une mauvaife éducation ; & cette éducation n'eft mauvaife que parce qu'elle contrarie la nature. Les enfans font déterminés par leurs befoins à être obfervateurs & analyftes ; & ils ont, dans leurs facultés naiffantes, de quoi être l'un & l'autre : ils le font même en quelque forte forcément, tant que la nature les conduit feule. Mais auffi-tôt que nous commençons à les conduire nous-mêmes, nous leur interdifons toute obfervation & toute analyfe. Nous fuppofons qu'ils ne raifonnent pas, parce que nous ne fçavons pas raifonner avec eux ; & en attendant un âge de raifon, qui commençoit fans nous, & que nous retardons de tout notre pouvoir, nous les condamnons à ne juger que d'après nos opinions, nos préjugés & nos erreurs. Il faut donc qu'ils foient fans efprit, ou qu'ils n'aient qu'un efprit faux. Si quelques-uns fe diftinguent, c'eft qu'ils ont dans leur conformation affez d'énergie pour vaincre tôt ou tard.les obftacles que nous avons mis au développement de leurs talens : les autres font des plantes que nous avons mutilées jufques dans la racine, & qui meurent ftériles.

CHAPITRE II.

Comment le langage d'action analyfe la penfée.

Nous ne
pouvons ana-
lyfer que par
le moyen
d'un langage.

Nous ne pouvons raifonner qu'avec les moyens qui nous font donnés ou indiqués par la nature. Il faut donc obferver ces moyens, & tâcher de découvrir comment ils font fûrs quelquefois, & pourquoi ils ne le font pas toujours.

Nous venons de voir que la caufe de nos erreurs eft dans l'habitude de juger d'après des mots dont nous n'avons pas déterminé le fens : nous avons vu, dans la premiere Partie, que les mots nous font abfolument néceffaires pour nous faire des idées de toutes efpeces ; & nous verrons bientôt que les idées abftraites & générales ne font que des dénominations. Tout confirmera donc que nous ne penfons qu'avec le fecours des mots. C'en eft affez pour faire comprendre que l'art de raifonner a commencé avec les langues; qu'il n'a pu faire des progrès qu'autant qu'elles en ont fait elles-mêmes; & que par conféquent elles doivent renfermer tous les moyens que nous pouvons avoir pour analyfer bien ou mal. Il faut donc obferver les langues: il faut même, fi nous voulons connoître ce qu'elles ont été à leur naiffance, obferver le langage d'action d'après lequel elles ont été faites. C'eft par où nous allons commencer.

Les élémens du langage d'action font nés avec l'homme, & ces élémens font les organes que l'Auteur de notre nature nous a donnés. Ainfi il y a un langage inné, quoiqu'il n'y ait point d'idées qui le foient. En effet, il falloit que les élémens d'un langage quelconque, préparés d'avance, précédaffent nos idées; parce que, fans des fignes de quelque efpece, il nous feroit impoffible d'analyfer nos penfées, pour nous rendre compte de ce que nous penfons, c'eft-à-dire, pour le voir d'une maniere diftincte.

Les élémens du langage d'action font innés.

Auffi notre conformation extérieure eft-elle deftinée à repréfenter tout ce qui fe paffe dans l'ame: elle eft l'expreffion de nos fentimens & de nos jugemens; & quand elle parle, rien ne peut être caché.

Le propre de l'action n'eft pas d'analyfer. Comme elle ne repréfente les fentimens que

Pourquoi d'abord tout eft confus

dans ce lan-gage.

parce qu'elle en eſt l'effet, elle repréſente à-la-fois tous ceux que nous éprouvons au même inſtant, & les idées ſimultanées dans notre penſée, ſont naturellement ſimultanées dans ce langage.

Mais une multitude d'idées ſimultanées ne ſçauroient être diſtinctes qu'autant que nous nous ſommes fait une habitude de les obſerver les unes après les autres. C'eſt à cette habitude que nous devons l'avantage de les démêler avec une promptitude & une facilité qui étonnent ceux qui n'ont pas contracté la même habitude. Pourquoi, par exemple, un muſicien diſtingue-t-il dans l'harmonie toutes les parties qui ſe font entendre à-la-fois ? C'eſt que ſon oreille s'eſt exercée à obſerver les ſons & à les apprécier.

Les hommes commencent à parler le langage d'action auſſi-tôt qu'ils ſentent ; & ils le parlent alors ſans avoir le projet de communiquer leurs penſées. Ils ne formeront le projet de le parler pour ſe faire entendre, que lorſqu'ils auront remarqué qu'on les a entendus : mais dans les commencemens ils ne projettent rien encore, parce qu'ils n'ont rien obſervé.

Tout alors eſt donc confus pour eux dans leur langage ; & ils n'y démêleront rien, tant qu'ils n'auront pas appris à faire l'analyſe de leurs penſées.

Mais quoique tout foit confus dans leur langage, il renferme cependant tout ce qu'ils fentent : il renferme tout ce qu'ils y démêleront lorfqu'ils fçauront faire l'analyfe de leurs penfées, c'eft-à-dire, des defirs, des craintes, des jugemens, des raifonnemens, en un mot, toutes les opérations dont l'ame eft capable. Car enfin, fi tout cela n'y étoit pas, l'analyfe ne l'y fçauroit trouver. Voyons comment ces hommes apprendront de la nature à faire l'analyfe de toutes ces chofes.

Ils ont befoin de fe donner des fecours. Donc chacun d'eux a befoin de fe faire entendre, & par conféquent de s'entendre lui-même.

D'abord ils obéiffent à la nature ; & fans projet, comme nous venons de le remarquer, ils difent à-la-fois tout ce qu'ils fentent, parce qu'il eft naturel à leur action de le dire ainfi. Cependant celui qui écoute des yeux n'entendra pas, s'il ne décompofe pas cette action, pour en obferver l'un après l'autre les mouvemens. Mais il lui eft naturel de la décompofer, & par conféquent il la décompofe avant d'en avoir formé le projet. Car, s'il en voit à-la-fois tous les mouvemens, il ne regarde au premier coup d'œil que ceux qui le frappent davantage : au fecond, il en regarde d'autres ; au troifieme, d'autres encore. Il les obferve donc fucceffivement, & l'analyfe en eft faite.

Comment enfuite il devient une méthode analytique.

Chacun de ces hommes remarquera donc tôt ou tard, qu'il n'entend jamais mieux les autres que lorfqu'il a décompofé leur action ; & par conféquent il pourra remarquer qu'il a befoin, pour fe faire entendre, de décompofer la fienne. Alors il fe fera peu à peu une habitude de ré-péter, l'un après l'autre, les mouvemens que la nature lui fait faire à-la-fois ; & le langage d'ac-tion deviendra naturellement pour lui une mé-thode analytique. Je dis une *méthode*, parce que la fucceffion des mouvemens ne fe fera pas ar-bitrairement & fans regles : car l'action étant l'effet des befoins & des circonftances où l'on fe trouve, il eft naturel qu'elle fe décompofe dans l'ordre donné par les befoins & par les circonf-tances ; & quoique cet ordre puiffe varier, & varie, il ne peut jamais être arbitraire. C'eft ainfi que, dans un tableau, la place de chaque per-fonnage, fon action & fon caractere font déter-minés, lorfque le fujet eft donné avec toutes fes circonftances.

En décompofant fon action, cet homme dé-compofe fa penfée pour lui comme pour les autres ; il l'analyfe, & il fe fait entendre, parce qu'il s'entend lui-même.

Comme l'action totale eft le tableau de toute la penfée, les actions partielles font autant de tableaux des idées qui en font partie. Donc, s'il décompofe encore ces actions partielles, il décompofera également les idées partielles dont elles font les fignes, & il fe fera continuellement de nouvelles idées diftinctes.

Ce moyen, l'unique qu'il ait pour analyfer fa penfée, pourra la développer jufques dans les moindres détails : car les premiers fignes d'un langage étant donnés, on n'a plus qu'à confulter l'analogie, elle donnera tous les autres.

Il n'y aura donc point d'idées que le langage d'action ne puiffe rendre ; & il les rendra avec d'autant plus de clarté & de précifion, que l'analogie fe montrera plus fenfiblement dans la fuite des fignes qu'on aura choifis. Des fignes abfolument arbitraires ne feroient pas entendus, parce que, n'étant pas analogues, l'acception d'un figne connu ne conduiroit pas à l'acception d'un figne inconnu. Auffi eft-ce l'analogie qui fait tout l'artifice des langues : elles font faciles, claires & précifes, à proportion que l'analogie s'y montre d'une maniere plus fenfible.

Je viens de dire qu'*il y a un langage .inné, quoiqu'il n'y ait point d'idées qui le foient.* Cette vérité, qui pourroit n'avoir pas été faifie, eft démontrée par les obfervations qui la fuivent & qui l'expliquent.

Le langage que je nomme inné, eft un langage que nous n'avons point appris, parce qu'il eſt l'effet naturel & immédiat de notre con-formation. Il dit à-la-fois tout ce que nous ſentons : il n'eſt donc pas une méthode analytique ; il ne décompoſe donc pas nos ſenſations ; il ne fait donc pas remarquer ce qu'elles renferment ; il ne donne donc point d'idées.

Lorſqu'il eſt devenu une méthode analytique , alors il décompoſe les ſenſations , & il donne des idées : mais comme méthode , il s'apprend , & par conſéquent, ſous ce point de vue, il n'eſt pas inné.

Au contraire, ſous quelque point de vue que l'on conſidere les idées, aucune ne ſçauroit être innée. S'il eſt vrai qu'elles ſont toutes dans nos ſenſations, il n'eſt pas moins vrai qu'elles n'y ſont pas pour nous encore, lorſque nous n'avons pas ſçu les obſerver ; & voilà ce qui fait que le ſçavant & l'ignorant ne ſe reſſemblent pas par les idées, quoiqu'ayant la même organiſation , ils ſe reſſemblent par la maniere de ſentir. Ils ſont nés tous deux avec les mêmes ſenſations, comme avec la même ignorance ; mais l'un a plus analyſé que l'autre. Or, ſi c'eſt l'analyſe qui donne les idées, elles ſont acquiſes, puiſque l'analyſe s'apprend elle - même. Il n'y a donc point d'idées innées.

On raiſonne donc mal quand on dit : *Cette idée eſt dans nos ſenſations ; donc nous avons cette idée :* & cependant on ne se lasse pas de répéter ce raisonnement. Parce que personne n'avoit encore remarqué que nos langues sont autant de méthodes analytiques, on ne remarquoit pas que nous n'analysons que par elles, & l'on ignoroit que nous leur devons toutes nos connoissances. Aussi la métaphysique de bien des écrivains n'est-elle qu'un jargon inintelligible pour eux comme pour les autres.

CHAPITRE III.

Comment les langues sont des méthodes analytiques.
Imperfection de ces méthodes.

On concevra facilement comment les langues sont autant de méthodes analytiques, si l'on a conçu comment le langage d'action en est une lui-même ; & si l'on a compris que, sans ce dernier langage, les hommes auroient été dans l'impuissance d'analyser leurs pensées, on reconnoîtra qu'ayant cessé de le parler, ils ne les analyseroient pas, s'ils n'y avoient suppléé par le langage des sons articulés. L'analyse ne se fait & ne peut se faire qu'avec des signes.

Il faut même remarquer que si elle ne s'étoit pas d'abord faite avec les signes du langage d'action, elle ne se feroit jamais faite avec les sons

Les langues font autant de méthodes analytiques.

articulés de nos langues. En effet, comment un mot feroit-il devenu le figne d'une idée, fi cette idée n'avoit pas pu être montrée dans le langage d'action ? Et comment ce langage l'auroit-il montrée, s'il ne l'avoit pas fait obferver féparément de toute autre ?

Les hommes ignorent ce qu'ils peuvent, tant que l'expérience ne leur a pas fait remarquer ce qu'ils font d'après la nature feule. C'eft pourquoi ils n'ont jamais fait avec deffein que des chofes qu'ils avoient déja faites fans avoir eu le projet de les faire. Je crois que cette obfervation fe confirmera toujours ; & je crois encore que fi elle n'avoit pas échappé, on raifonneroit mieux qu'on ne fait.

Ils n'ont penfé à faire des analyfes qu'après avoir obfervé qu'ils en avoient fait : ils n'ont penfé à parler le langage d'action pour fe faire entendre, qu'après avoir obfervé qu'on les avoit entendus. De même ils n'auront penfé à parler avec des fons articulés, qu'après avoir obfervé qu'ils avoient parlé avec de pareils fons ; & les langues ont commencé avant qu'on eût le projet d'en faire. C'eft ainfi qu'ils ont été poëtes, orateurs avant de fonger à l'être. En un mot, tout ce qu'ils font devenus, ils l'ont d'abord été par la nature feule ; & ils n'ont étudié pour l'être, que lorfqu'ils ont eu obfervé ce que la nature

leur

leur avoit fait faire. Elle a tout commencé, &
toujours bien : c'eſt une vérité qu'on ne ſçauroit
trop répéter.

Les langues ont été des méthodes exaĉtes, tant
qu'on n'a parlé que des choſes relatives aux beſoins de premiere néceſſité. Car, s'il arrivoit alors
de ſuppoſer dans une analyſe ce qui n'y devoit
pas être, l'expérience ne pouvoit manquer de
le faire appercevoir. On corrigeòit donc ſes erreurs, & on parloit mieux.

A la vérité les langues étoient alors très-bor-
nées : mais il ne faut pas croire que, pour être
bornées, elles en fuſſent plus mal faites ; il ſe
pourroit que les nôtres le fuſſent moins bien. En
effet, les langues ne ſont pas exaĉtes parce qu'elles parlent de beaucoup de choſes avec beaucoup
de confuſion, mais parce qu'elles parlent avec
clarté, quoique d'un petit nombre.

Si, en voulant les perfeĉtionner, on avoit pu
continuer comme on avoit commencé, on n'auroit cherché de nouveaux mots dans l'analogie
que lorſqu'une analyſe bien faite auroit en effet
donné de nouvelles idées ; & les langues, toujours exaĉtes, auroient été plus étendues.

Mais cela ne ſe pouvoit pas. Comme les hommes analyſoient ſans le ſçavoir, ils ne remarquoient pas que, s'ils avoient des idées exaĉtes,
ils les devoient uniquement à l'analyſe. Ils ne

Comment
elles ont été
des méthodes
exaĉtes.

Comment
elles ſont de-
venues des
méthodes dé-
feĉtueuſes.

G

connoiſſoient donc pas toute l'importance de cette méthode, & ils analyſoient moins, à meſure que le beſoin d'analyſer ſe faiſoit moins ſentir.

Or, quand on ſe fut aſſuré de ſatisfaire aux beſoins de premiere néceſſité, on s'en fit de moins néceſſaires : de ceux - là on paſſa à de moins néceſſaires encore, & l'on vint par degrés à ſe faire des beſoins de pure curioſité, des beſoins d'opinion, enfin des beſoins inutiles, & tous plus frivoles les uns que les autres.

Alors on ſentit tous les jours moins la néceſſité d'analyſer : bientôt on ne ſentit plus que le deſir de parler, & on parla avant d'avoir des idées de ce qu'on vouloit dire. Ce n'étoit plus le temps où les jugemens ſe mettoient naturellement à l'épreuve de l'expérience. On n'avoit pas le même intérêt à s'aſſurer ſi les choſes dont on jugeoit, étoient telles qu'on l'avoit ſuppoſé. On aimoit à le croire ſans examen ; & un jugement dont on s'étoit fait une habitude, devenoit une opinion dont on ne doutoit plus. Ces mépriſes devoient être fréquentes, parce que les choſes dont on jugeoit, n'avoient pas été obſervées, & que ſouvent elles ne pouvoient pas l'être.

Alors un premier jugement faux en fit porter un ſecond, & bientôt on en fit ſans nombre. L'analogie conduiſit d'erreurs en erreurs, parce qu'on étoit conſéquent.

Voilà ce qui est arrivé aux philosophes mêmes. Il n'y a pas bien long-temps qu'ils ont appris l'analyse : encore n'en sçavent-ils faire usage que dans les mathématiques, dans la physique & dans la chymie. Au moins n'en connois-je pas qui aient sçu l'appliquer aux idées de toutes especes. Aussi aucun d'eux n'a-t-il imaginé de considérer les langues comme autant de méthodes analytiques.

Les langues étoient donc devenues des méthodes bien défectueuses. Cependant le commerce rapprochoit les peuples, qui échangeoient, en quelque sorte, leurs opinions & leurs préjugés, comme les productions de leur sol & de leur industrie. Les langues se confondoient, & l'analogie ne pouvoit plus guider l'esprit dans l'acception des mots. L'art de raisonner parut donc ignoré : on eût dit qu'il n'étoit plus possible de l'apprendre.

Cependant, si les hommes avoient d'abord été placés par leur nature dans le chemin des découvertes, ils pouvoient par hasard s'y retrouver encore quelquefois : mais ils s'y retrouvoient sans le reconnoître, parce qu'ils ne l'avoient jamais étudié, & ils s'égaroient de nouveau.

Aussi a-t-on fait, pendant des siecles, de vains efforts pour découvrir les regles de l'art de raisonner. On ne sçavoit où les prendre, & on les

Si l'on avoit remarqué que les langues sont autant de méthodes analytiques, il n'auroit pas été difficile de trouver les regles de l'art de raifonner.

cherchoit dans le mécanifme du difcours ; mécanifme qui laiffoit fubfifter tous les vices des langues.

Pour les trouver il n'y avoit qu'un moyen ; c'étoit d'obferver notre maniere de concevoir, & de l'étudier dans les facultés dont notre nature nous a doués. Il falloit remarquer que les langues ne font, dans le vrai, que des méthodes analytiques ; méthodes fort défectueufes aujourd'hui, mais qui ont été exactes, & qui pourroient l'être encore. On ne l'a pas vu, parce que n'ayant pas remarqué combien les mots nous font néceffaires pour nous faire des idées de toutes efpeces, on a cru qu'ils n'avoient d'autre avantage que d'être un moyen de nous communiquer nos penfées. D'ailleurs, comme, à bien des égards, les langues ont paru arbitraires aux grammairiens & aux philofophes, il eft arrivé qu'on a fuppofé qu'elles n'ont pour regles que le caprice de l'ufage ; c'eft-à-dire, que fouvent elles n'en ont point. Or toute méthode en a toujours, & doit en avoir. Il ne faut donc pas s'étonner fi jufqu'à préfent perfonne n'a foupçonné les langues d'être autant de méthodes analytiques. (*Cours d'Etude, Gramm. les huit premiers Chapitres de la premiere Partie.*)

CHAPITRE IV.

De l'influence des langues.

PUISQUE les langues, formées à mesure que nous analyſons, ſont devenues autant de méthodes analytiques, on conçoit qu'il nous eſt naturel de penſer d'après les habitudes qu'elles nous ont fait prendre. Nous penſons par elles : regles de nos jugemens, elles font nos connoiſſances, nos opinions, nos prejugés : en un mot, elles font en ce genre tout le bien & tout le mal. Telle eſt leur influence, & la choſe ne pouvoit pas arriver autrement.

Elles nous égarent, parce que ce font des méthodes imparfaites : mais puiſque ce font des méthodes, elles ne font pas imparfaites à tous égards, & elles nous conduiſent bien quelquefois. Il n'eſt perſonne qui, avec le ſeul ſecours des habitudes contractées dans ſa langue, ne ſoit capable de faire quelques bons raiſonnemens. C'eſt même ainſi que nous avons tous commencé, & l'on voit ſouvent des hommes ſans étude raiſonner mieux que d'autres qui ont beaucoup étudié.

On deſireroit que les philoſophes euſſent préſidé à la formation des langues, & on croit qu'elles auroient été mieux faites. Il faudroit donc

que ce fuſſent d'autres philoſophes que ceux que
nous connoiſſons. Il eſt vrai qu'en mathématiques on parle avec préciſion, parce que l'algebre,
ouvrage du génie, eſt une langue qu'on ne pouvoit pas mal faire. Il eſt vrai encore que quelques parties de la phyſique & de la chymie ont
été traitées avec la même préciſion par un petit
nombre d'excellens eſprits faits pour bien obſerver. D'ailleurs je ne vois pas que les langues des
ſciences aient aucun avantage. Elles ont les
mêmes défauts que les autres, & de plus grands
encore. On les parle tout auſſi ſouvent ſans rien
dire : ſouvent encore on ne les parle que pour
dire des abſurdités ; & en général, il ne paroît
pas qu'on les parle avec le deſſein de ſe faire
entendre.

Les premie-
res langues
vulgaires ont
été les plus
propres au
raiſonne-
ment.

Je conjecture que les premieres langues vulgaires ont été les plus propres au raiſonnement :
car la nature, qui préſidoit à leur formation,
avoit au moins bien commencé. La génération
des idées & des facultés de l'ame devoit être
ſenſible dans ces langues, où la premiere acception d'un mot étoit connue, & où l'analogie
donnoit toutes les autres. On retrouvoit dans
les noms des idées qui échappoient aux ſens,
les noms même des idées ſenſibles d'où elles
viennent ; & au lieu de les voir comme des noms
propres de ces idées, on les voyoit comme des

expreſſions figurées qui en montroient l'origine. Alors, par exemple, on ne demandoit pas ſi le mot *ſubſtance* ſignifie autre choſe que *ce qui eſt deſſous* ; ſi le mot *penſée* ſignifie autre choſe que *peſer, balancer, comparer.* En un mot, on n'imaginoit pas de faire les queſtions que font aujourd'hui les métaphyſiciens : les langues, qui répondoient d'avance à toutes, ne permettoient pas de les faire, & l'on n'avoit point encore de mauvaiſe métaphyſique.

La bonne métaphyſique a commencé avant les langues ; & c'eſt à elle qu'elles doivent tout ce qu'elles ont de mieux. Mais cette métaphyſique étoit alors moins une ſcience qu'un inſtinct. C'étoit la nature qui conduiſoit les hommes à leur inſçu ; & la métaphyſique n'eſt devenue ſcience que lorſqu'elle a ceſſé d'être bonne.

Une langue feroit bien ſupérieure, ſi le peuple qui la fait, cultivoit les arts & les ſciences ſans rien emprunter d'aucun autre : car l'analogie, dans cette langue, montreroit ſenſiblement le progrès des connoiſſances, & l'on n'auroit pas beſoin d'en chercher l'hiſtoire ailleurs. Ce feroit là une langue vraiment ſçavante, & elle le feroit ſeule. Mais quand elles ſont des ramas de pluſieurs langues étrangeres les unes aux autres, elles confondent tout : l'analogie ne peut plus faire appercevoir dans les différentes acceptions des mots,

Ce ſont ſur-tout les philoſophes qui ont mis le déſordre dans le langage.

l'origine & la génération des connoiſſances : nous ne ſçavons plus mettre de la préciſion dans nos diſcours, nous n'y ſongeons pas : nous faiſons des queſtions au haſard, nous y répondons de même : nous abuſons continuellement des mots, & il n'y a point d'opinions extravagantes qui ne trouvent des partiſans.

Ce ſont les philoſophes qui ont amené les choſes à ce point de déſordre. Ils ont d'autant plus mal parlé, qu'ils ont voulu parler de tout : ils ont d'autant plus mal parlé, que lorſqu'il leur arrivoit de penſer comme tout le monde, chacun d'eux vouloit paroître avoir une façon de penſer qui ne fût qu'à lui. Subtils, ſinguliers, viſion-naires, inintelligibles, ſouvent ils ſembloient craindre de n'être pas aſſez obſcurs, & ils affec-toient de couvrir d'un voile leurs connoiſſances vraies ou prétendues. Auſſi la langue de la phi-loſophie n'a-t-elle été qu'un jargon pendant plu-ſieurs ſiecles.

Enfin ce jargon a été banni des ſciences. Il a été banni, dis-je ; mais il ne s'eſt pas banni lui-même : il y cherche toujours un aſyle, en ſe dé-guiſant ſous de nouvelles formes, & les meilleurs eſprits ont bien de la peine à lui fermer toute entrée. Mais enfin les ſciences ont fait des pro-grès, parce que les philoſophes ont mieux ob-ſervé, & qu'ils ont mis dans leur langage la précifion & l'exactitude qu'ils avoient mifes dans leurs obfervations. Ils ont donc corrigé la langue à bien des égards, & l'on a mieux raifonné. C'eft ainfi que l'art de raifonner a fuivi toutes les variations du langage, & c'eft ce qui devoit arriver. (*Cours d'Etude, Hift. anc. liv. 3, chap. 26. Hift. mod. liv. 8 & 9, chap. 8, 9 & fuiv. enfin liv. dernier.*)

CHAPITRE V.

Confidérations fur les idées abftraites & générales ; ou comment l'art de raifonner fe réduit à une langue bien faite.

LES idées générales, dont nous avons expliqué la formation, font partie de l'idée totale de chacun des individus auxquels elles conviennent, & on les confidere, par cette raifon, comme autant d'idées partielles. Celle d'*homme*, par exemple, fait partie des idées totales de Pierre & de Paul, puifque nous la trouvons également dans Pierre & dans Paul.

Il n'y a point d'homme en général. Cette idée partielle n'a donc point de réalité hors de nous : mais elle en a une dans notre efprit, où elle exifte féparément des idées totales ou individuelles dont elle fait partie.

Les idées abftraites & générales ne font que des dénominations.

Elle n'a une réalité dans notre esprit que parce que nous la considérons comme séparée de chaque idée individuelle ; & par cette raison nous la nommons *abstraite* : car *abstrait* ne signifie autre chose que *séparé.*

Toutes les idées générales sont donc autant d'idées abstraites ; & vous voyez que nous ne les formons qu'en prenant dans chaque idée individuelle ce qui est commun à toutes.

Mais qu'est - ce au fond que la réalité qu'une idée générale & abstraite a dans notre esprit ? Ce n'est qu'un nom ; ou si elle est quelque autre chose, elle cesse nécessairement d'être abstraite & générale.

Quand, par exemple, je pense à *homme,* je puis ne considérer dans ce mot qu'une dénomination commune : auquel cas il est bien évident que mon idée est en quelque sorte circonscrite dans ce nom, qu'elle ne s'étend à rien au-delà , & que par conséquent elle n'est que ce nom même.

Si au contraire , en pensant à *homme ,* je considere dans ce mot quelque autre chose qu'une dénomination , c'est qu'en effet je me représente un homme ; & un homme, dans mon esprit comme dans la nature , ne sçauroit être l'homme abstrait & général.

Les idées abstraites ne font donc que des dénominations. Si nous voulions absolument y suppoſer autre choſe, nous reſſemblerions à un peintre qui s'obſtineroit à vouloir peindre l'homme en général, & qui cependant ne peindroit jamais que des individus.

Cette obſervation ſur les idées abſtraites & générales, démontre que leur clarté & leur préciſion dépendent uniquement de l'ordre dans lequel nous avons fait les dénominations des claſſes; & que par conſéquent, pour déterminer ces ſortes d'idées, il n'y a qu'un moyen; c'eſt de bien faire la langue.

Par conſéquent l'art de raiſonner ſe réduit à une langue bien faite.

Elle confirme ce que nous avons déja démontré, combien les mots nous ſont néceſſaires : car ſi nous n'avions point de dénominations, nous n'aurions point d'idées abſtraites ; ſi nous n'avions point d'idées abſtraites, nous n'aurions ni genres ni eſpeces ; & ſi nous n'avions ni genres ni eſpeces, nous ne pourrions raiſonner ſur rien. Or, ſi nous ne raiſonnons qu'avec le ſecours de ces dénominations, c'eſt une nouvelle preuve que nous ne raiſonnons bien ou mal que parce que notre langue eſt bien ou mal faite. L'analyſe ne nous apprendra donc à raiſonner qu'autant qu'en nous apprenant à déterminer les idées abſtraites & générales, elle nous apprendra à bien faire notre langue ; & tout l'art de raiſonner ſe réduit à l'art de bien parler.

Parler, raiſonner, ſe faire des idées générales

ou abſtraites , c'eſt donc au fond la même choſe ;
& cette vérité , toute ſimple qu'elle eſt , pourroit paſſer pour une découverte. Certainement
on ne s'en eſt pas douté : il le paroît à la maniere dont on parle & dont on raiſonne : il le paroît à l'abus qu'on fait des idées générales : il
le paroît enfin aux difficultés que croient trouver à concevoir des idées abſtraites ceux qui en
trouvent ſi peu à parler.

L'art de raiſonner ne ſe réduit à une langue
bien faite , que parce que l'ordre dans nos idées
n'eſt lui-même que la ſubordination qui eſt entre
les noms donnés aux genres & aux eſpeces ; &
puiſque nous n'avons de nouvelles idées que
parce que nous formons de nouvelles claſſes, il
eſt évident que nous ne déterminerons les idées
qu'autant que nous déterminerons les claſſes mêmes. Alors nous raiſonnerons bien , parce que
l'analogie nous conduira dans nos jugemens comme dans l'intelligence des mots.

Cette véri-
té bien con-
nue nous ga-
rantira de
beaucoup
d'erreurs.

Convaincus que les claſſes ne ſont que des
dénominations , nous n'imaginerons pas de ſuppoſer qu'il exiſte dans la nature des genres &
des eſpeces , & nous ne verrons dans ces mots,
genres & *eſpeces* , qu'une maniere de claſſer les
choſes ſuivant les rapports qu'elles ont à nous
& entre elles. Nous reconnoîtrons que nous ne
pouvons découvrir que ces rapports, & nous

ne croirons pas pouvoir dire ce qu'elles font. Nous éviterons par conféquent bien des erreurs.

Si nous remarquons que toutes ces claffes ne nous font néceffaires que parce que nous avons befoin, pour nous faire des idées diftinctes, de décompofer les objets que nous voulons étudier ; nous reconnoîtrons non - feulement la limitation de notre efprit, nous verrons encore où en font les bornes, & nous ne fongerons point à les franchir. Nous ne nous perdrons pas dans de vaines queftions : au lieu de chercher ce que nous ne pouvons pas trouver, nous trouverons ce qui fera à notre portée. Il ne faudra pour cela que fe faire des idées exactes ; ce que nous fçaurons toujours, quand nous fçaurons nous fervir des mots.

Or nous fçaurons nous fervir des mots, lorf-qu'au lieu d'y chercher des effences que nous n'avons pas pu·y mettre, nous n'y chercherons que ce que nous y avons mis, les rapports des chofes à nous, & ceux qu'elles ont entre elles.

Nous fçaurons nous en fervir, lorfque les con-fidérant relativement à la limitation de notre ef-prit, nous ne les regarderons que comme un moyen dont nous avons befoin pour penfer. Alors nous fentirions que la plus grande analo-gie en doit déterminer le choix, qu'elle en doit déterminer toutes les acceptions ; & nous bornerions néceſſairement le nombre des mots au nombre dont nous aurions beſoin. Nous ne nous égarerions plus parmi des diſtinctions frivoles, des diviſions, des ſous-diviſions ſans fin, & des mots étrangers qui deviennent barbares dans notre langue.

Enfin nous ſçaurons nous ſervir des mots, lorſque l'analyſe nous aura fait contracter l'habitude d'en chercher la premiere acception dans leur premier emploi, & toutes les autres dans l'analogie.

C'eſt à cette analyſe ſeule que nous devons le pouvoir d'abſtraire & de généraliſer. Elle fait donc les langues ; elle nous donne donc des idées exactes de toutes eſpeces. En un mot, c'eſt par elle que nous devenons capables de créer les arts & les ſciences. Diſons mieux ; c'eſt elle qui les a créés. Elle a fait toutes les découvertes, & nous n'avons eu qu'à la ſuivre. L'imagination, à laquelle on attribue tous les talens, ne ſeroit rien ſans l'analyſe.

Elle ne ſeroit rien ! Je me trompe : elle ſeroit une ſource d'opinions, de préjugés, d'erreurs ; & nous ne ferions que des rêves extravagans, ſi l'analyſe ne la régloit pas quelquefois. En effet, les écrivains qui n'ont que de l'imagination, font-ils autre choſe ?

La route que l'analyſe nous trace eſt marquée

par une suite d'observations bien faites ; & nous y marchons d'un pas assuré, parce que nous sçavons toujours où nous sommes, & que nous voyons toujours où nous allons. D'ailleurs l'analyse nous aide de tout ce qui peut nous être de quelque secours. Notre esprit, si foible par lui-même, trouve en elle des leviers de toutes especes ; & il observe les phénomenes de la nature, en quelque sorte, avec la même facilité que s'il les régloit lui-même.

Mais, pour bien juger de ce que nous lui devons, il la faut bien connoître ; autrement son ouvrage nous paroîtra celui de l'imagination. Parce que les idées que nous nommons abstraites, cessent de tomber sous les sens, nous croirons qu'elles n'en viennent pas ; & parce qu'alors nous ne verrons pas ce qu'elles peuvent avoir de commun avec nos sensations, nous nous imaginerons qu'elles sont quelque autre chose. Préoccupés de cette erreur, nous nous aveuglerons sur leur origine & leur génération : il nous sera impossible de voir ce qu'elles sont, & cependant nous croirons le voir : nous n'aurons que des visions. Tantôt les idées feront des êtres qui ont par eux-mêmes une existence dans l'ame, des êtres innés, ou des êtres ajoutés successivement au sien : d'autres fois ce feront des êtres qui n'existent qu'en Dieu, & que nous ne

C'est d'après elle qu'il faut chercher la vérité, & non pas d'après l'imagination.

voyons qu'en lui. De pareils rêves nous écarte-
ront néceſſairement du chemin des découvertes ,
& nous n'irons plus que d'erreur en erreur. Voilà
cependant les ſyſtêmes que fait l'imagination :
quand une fois nous les avons adoptés, il ne
nous eſt plus poſſible d'avoir une langue bien
faite ; & nous ſommes condamnés à raiſonner
preſque toujours mal, parce que nous raiſonnons
mal ſur les facultés de notre eſprit.

Ce n'eſt pas ainſi que les hommes, comme
nous l'avons remarqué, ſe conduiſoient au ſortir
des mains de l'Auteur de la nature. Quoiqu'alors
ils cherchaſſent ſans ſçavoir ce qu'ils cherchoient,
ils cherchoient bien ; & ils trouvoient ſouvent ,
ſans s'appercevoir qu'ils avoient cherché. C'eſt
que les beſoins que l'Auteur de la nature leur
avoit donnés, & les circonſtances où il les avoit
placés, les forçoient à obſerver, & les avertiſ-
ſoient ſouvent de ne pas imaginer. L'analyſe, qui
faiſoit la langue, la faiſoit bien, parce qu'elle dé-
terminoit toujours le ſens des mots ; & la langue,
qui n'étoit pas étendue, mais qui étoit bien faite,
conduiſoit aux découvertes les plus néceſſaires.
Malheureuſement les hommes ne ſçavoient pas
obſerver comment ils s'inſtruiſoient. On diroit
qu'ils ne ſont capables de bien faire que ce qu'ils
font à leur inſçu ; & les philoſophes, qui auroient
dû chercher avec plus de lumiere , ont cherché

ſouvent

fouvent pour ne rien trouver, ou pour s'égarer.
(*Cours d'Etude , Art de penfer , part. 2 , ch. 5.*)

CHAPITRE VI.

Combien fe trompent ceux qui regardent les défini-
tions comme l'unique moyen de remédier aux
abus du langage.

LES vices des langues font fenfibles, fur-tout
dans les mots dont l'acception n'eft pas déterminée, ou qui n'ont pas de fens. On a voulu y
remédier ; & parce qu'il y a des mots qu'on peut
définir, on a dit, Il les faut définir tous. En conféquence, les définitions ont été regardées comme
la bafe de l'art de raifonner.

Un triangle eft une furface terminée par trois
lignes. Voilà une définition. Si elle donne du
triangle une idée fans laquelle il feroit impoffible
d'en déterminer les propriétés, c'eft que pour
découvrir les propriétés d'une chofe, il la faut
analyfer, & que pour l'analyfer il la faut voir.
De pareilles définitions montrent donc les chofes qu'on fe propofe d'analyfer, & c'eft tout
ce qu'elles font. Nos fens nous montrent également les objets fenfibles, & nous les analyfons,
quoique nous ne puiffions pas les définir. La néceffité de définir n'eft donc que la néceffité de

H

voir les choses sur lesquelles on veut raisonner; & si l'on peut voir sans définir, les définitions deviennent inutiles. C'est le cas le plus ordinaire.

Sans doute que, pour étudier une chose, il faut que je la voie : mais quand je la vois, je n'ai qu'à l'analyser. Lors donc que je découvre les propriétés d'une surface terminée par trois lignes, c'est l'analyse seule qui est le principe de mes découvertes, si l'on veut des principes; & cette définition ne fait que me montrer le triangle qui est l'objet de mes recherches, comme mes sens me montrent les objets sensibles. Que signifie donc ce langage, *Les définitions sont des principes?* Il signifie qu'il faut commencer par voir les choses pour les étudier, & qu'il les faut voir telles qu'elles sont. Il ne signifie que cela, & cependant on croit dire quelque chose de plus.

Principe est synonyme de *commencement*, & c'est dans cette signification qu'on l'a d'abord employé : mais ensuite, à force d'en faire usage, on s'en est servi par habitude, machinalement, sans y attacher d'idées, & l'on a eu des principes qui ne sont le commencement de rien.

Je dirai que nos sens sont le *principe* de nos connoissances, parce que c'est aux sens qu'elles commencent, & je dirai une chose qui s'entend. Il n'en sera pas de même si je dis qu'*une surface terminée par trois lignes est le principe de toutes les* propriétés du triangle, parce que toutes les propriétés du triangle commencent à une surface terminée par trois lignes. Car j'aimerois autant dire que *toutes les propriétés d'une surface terminée par trois lignes, commencent à une surface terminée par trois lignes.* En un mot, cette définition ne m'apprend rien : elle ne fait que me montrer une chose que je connois, & dont l'analyse peut seule me découvrir les propriétés.

Les définitions se bornent donc à montrer les choses : mais elles ne les éclairent pas toujours d'une lumiere égale. *L'ame est une substance qui sent,* est une définition qui montre l'ame bien imparfaitement à tous ceux à qui l'analyse n'a pas appris que toutes ses facultés ne sont, dans le principe ou dans le commencement, que la faculté de sentir. Ce n'est donc pas par une pareille définition qu'il faudroit commencer à traiter de l'ame : car quoique toutes ses facultés ne soient, dans le principe, que sentir, cette vérité n'est pas un principe ou un commencement pour nous, si, au lieu d'être une premiere connoissance, elle est une derniere. Or elle est une derniere, puisqu'elle est un résultat donné par l'analyse.

Prévenus qu'il faut tout définir, les géometres font souvent de vains efforts, & cherchent des définitions qu'ils ne trouvent pas. Telle est, par exemple, celle de la ligne droite : car dire

Il est rare qu'on puisse faire des définitions.

H ij

avec eux qu'elle eſt la plus courte d'un point à un autre, ce n'eſt pas la faire connoître, c'eſt ſuppoſer qu'on la connoît. Or, dans leur langage, une définition étant un principe, elle ne doit pas ſuppoſer que la choſe ſoit connue. Voilà un écueil où échouent tous les faiſeurs d'élémens, au grand ſcandale de quelques géometres, qui ſe plaignent qu'on n'ait pas encore donné une bonne définition de la ligne droite, & qui ſemblent ignorer qu'on ne doit pas définir ce qui eſt indéfiniſſable. Mais ſi les définitions ſe bornent à nous montrer les choſes, qu'importe que ce ſoit avant que nous les connoiſſions, ou ſeulement après ? Il me ſemble que le point eſſentiel eſt de les connoître.

Or on ſeroit convaincu que l'unique moyen de les connoître eſt de les analyſer, ſi on avoit remarqué que les meilleures définitions ne ſont que des analyſes. Celle du triangle, par exemple, en eſt une : car certainement, pour dire qu'il eſt une ſurface terminée par trois lignes, il a fallu obſerver, l'un après l'autre, les côtés de cette figure, & les compter. Il eſt vrai que cette analyſe ſe fait en quelque ſorte du premier coup, parce que nous comptons promptement juſqu'à trois. Mais un enfant ne compteroit pas auſſi vîte, & cependant il analyſeroit le triangle auſſi bien que nous. Il l'analyſeroit lentement, comme nous-mêmes, après avoir compté lentement, nous ferions la définition ou l'analyfe d'une figure d'un grand nombre de côtés.

Ne difons pas qu'il faut, dans nos recherches, avoir pour principes des définitions : difons plus fimplement, qu'il faut bien commencer, c'eft-à-dire, voir les chofes telles qu'elles font ; & ajoutons que, pour les voir ainfi, il faut toujours commencer par des analyfes.

En nous exprimant de la forte, nous parlerons avec plus de précifion, & nous n'aurons pas la peine de chercher des définitions qu'on ne trouve pas. Nous fçaurons, par exemple, que, pour connoître la ligne droite, il n'eft point du tout néceffaire de la définir à la maniere des géometres, & qu'il fuffit d'obferver comment nous en avons acquis l'idée.

Parce que la géométrie eft une fcience qu'on nomme exacte, on a cru que, pour bien traiter toutes les autres fciences, il n'y avoit qu'à contrefaire les géometres, & la manie de définir à leur maniere eft devenue la manie de tous les philofophes, ou de ceux qui fe donnent pour tels. Ouvrez un dictionnaire de langue, vous verrez qu'à chaque article on veut faire des définitions, & qu'on y réuffit mal. Les meilleures fuppofent, comme celle de la ligne droite, que la fignification des mots eft connue ; ou fi

Vains efforts de ceux qui ont la manie de tout définir.

elles ne fuppofent rien, on ne les entend pas.

Ou nos idées font fimples, ou elles font com-
pofées. Si elles font fimples, on ne les définira
pas : un géometre le tenteroit inutilement ; il y
échoueroit comme à la ligne droite. Mais, quoiqu'elles ne puiffent pas être définies, l'analyfe
nous montrera toujours comment nous les avons
acquifes, parce qu'elle montrera d'où elles viennent, & comment elles nous viennent.

Si une idée eft compofée, c'eft encore à l'analyfe feule à la faire connoître, parce qu'elle peut
feule, en la décompofant, nous en montrer toutes
les idées partielles. Ainfi, quelles que foient nos
idées, il n'appartient qu'à l'analyfe de les déterminer d'une maniere claire & précife.

Cependant il reftera toujours des idées qu'on
ne déterminera point, ou qu'au moins on ne
pourra pas déterminer au gré de tout le monde.
C'eft que les hommes n'ayant pu s'accorder à
les compofer chacun de la même maniere, elles
font néceffairement indéterminées. Telle eft, par
exemple, celle que nous défignons par le mot
efprit. Mais quoique l'analyfe ne puiffe pas déterminer ce que nous entendons par un mot que
nous n'entendons pas tous de la même maniere,
elle déterminera cependant tout ce qu'il eft poffible d'entendre par ce mot, fans empêcher néanmoins que chacun n'entende ce qu'il veut, comme

cela arrive : c’eft-à-dire qu’il lui fera plus facile de corriger la langue, que de nous corriger nous-mêmes.

Mais enfin c’eft elle feule qui corrigera tout ce qui peut être corrigé, parce que c’eft elle feule qui peut faire connoître la génération de toutes nos idées. Auffi les philofophes fe font-ils prodigieufement égarés, lorfqu’ils ont abandonné l’analyfe, & qu’ils ont cru y fuppléer par des définitions. Ils fe font d’autant plus égarés, qu’ils n’ont pas fçu donner encore une bonne définition de l’analyfe même. Aux efforts qu’ils font pour expliquer cette méthode, on diroit qu’il y a bien du myftere à décompofer un tout en fes parties, & à le recompofer : cependant il fuffit d’obferver fucceffivement & avec ordre. Voyez, dans l’Encyclopédie, le mot *Analyfe.*

C’eft la fynthefe qui a amené la manie des définitions, cette méthode ténébreufe qui commence toujours par où il faut finir, & que cependant on appelle *méthode de doctrine.*

La fynthefe, méthode ténébreufe.

Je n’en donnerai pas une notion plus précife, foit parce que je ne la comprends pas, foit parce qu’il n’eft pas poffible de la comprendre. Elle échappe d’autant plus, qu’elle prend tous les caracteres des efprits qui veulent l’employer, & furtout ceux des efprits faux. Voici comment un écrivain célebre s’explique à ce fujet. *Enfin ,*

dit-il, *ces deux méthodes* (l'analyse & la synthese)
ne different que comme le chemin qu'on fait en mon-
tant d'une vallée en une montagne , & celui qu'on
fait en descendant de la montagne dans la vallée [a].
A ce langage je vois seulement que ce sont là
deux méthodes contraires , & que si l'une est
bonne, l'autre est mauvaise. En effet, on ne peut
aller que du connu à l'inconnu. Or, si l'inconnu
est sur la montagne, ce ne sera pas en descendant
qu'on y arrivera ; & s'il est dans la vallée, ce
ne sera pas en montant. Il ne peut donc pas y
avoir deux chemins contraires pour y arriver.
De pareilles opinions ne méritent pas une criti-
que plus sérieuse. (*Cours d'Etude , Art de penser ,*
part. 1 , chap. 9.)

On suppose que le propre de la synthese est
de composer nos idées, & que le propre de l'analyse est de les décomposer. Voilà pourquoi l'auteur de la Logique croit les faire connoître, lorsqu'il dit que l'une conduit de la vallée sur la montagne , & l'autre de la montagne dans la vallée.
Mais qu'on raisonne bien ou mal , il faut nécessairement que l'esprit monte & descende tour
à tour ; ou, pour parler plus simplement, il lui
est essentiel de composer, comme de décomposer , parce qu'une suite de raisonnemens n'est &

---

[a] *La Logique, ou l'Art de penser, part. 4 , chap. 2.*

ne peut être qu'une fuite de compofitions & de décompofitions. Il appartient donc à la fynthefe de décompofer comme de compofer, & il appartient à l'analyfe de compofer comme de décompofer. Il feroit abfurde d'imaginer que ces deux chofes s'excluent, & qu'on pourroit raifonner en s'interdifant à fon choix toute compofition ou toute décompofition. En quoi donc different ces deux méthodes? En ce que l'analyfe commence toujours bien, & que la fynthefe commence toujours mal. Celle-là, fans affecter l'ordre, en a naturellement, parce qu'elle eft la méthode de la nature : celle-ci, qui ne connoît pas l'ordre naturel, parce qu'elle eft la méthode des philofophes, en affecte beaucoup, pour fatiguer l'efprit fans l'éclairer. En un mot, la vraie analyfe, l'analyfe qui doit être préférée, eft celle qui, commençant par le commencement, montre dans l'analogie la formation de la langue, & dans la formation de la langue, les progrès des fciences.

CHAPITRE VII.

Combien le raifonnement eft fimple quand la langue eft fimple elle - même.

Erreur de ceux qui préferent la fyntl e e à l'analyfe.

QUOIQUE l'analyfe foit l'unique méthode, les mathématiciens mêmes, toujours prêts à l'abandonner, paroiffent n'en faire ufage qu'autant qu'ils y font forcés. Ils donnent la préférence à la fynthefe, qu'ils croient plus fimple & plus courte, & leurs écrits en font plus embarraffés & plus longs [a].

Nous venons de voir que cette fynthefe eft précifément le contraire de l'analyfe. Elle nous met hors du chemin des découvertes ; & cependant le grand nombre des mathématiciens s'imaginent que cette méthode eft la plus propre à l'inftruction. Ils le croient fi bien, qu'ils ne veu-

---

[a] Ce reproche, fondé en général, n'eft pas fans exception. MM. Euler & La Grange, par exemple, portés par leur génie à la plus grande clarté & à la plus grande élégance, ont préféré l'analyfe, qu'ils ont perfectionnée. Dans leurs écrits pleins d'invention, cette méthode prend un nouvel effor ; & ils font grands mathématiciens, parce qu'ils font grands analyftes. Ils écrivent fupérieurement l'algebre, de toutes les langues celle où les bons écrivains font plus rares, parce qu'elle eft la mieux faite.

*Ient pas qu'on en fuive d'autre dans leurs livres élémentaires.

Clairaut a penfé autrement. Je ne fçais pas fi MM. Euler & La Grange ont dit ce qu'ils penfent à ce fujet : mais ils ont fait comme s'ils l'avoient dit ; car dans leurs Élémens d'Algebre, ils ne fuivent que la méthode analytique [a].

Le fuffrage de ces mathématiciens peut être compté pour quelque chofe. Il faut donc que les autres foient finguliérement prévenus en faveur de la fynthefe, pour fe perfuader que l'analyfe, qui eft la méthode d'invention, n'eft pas encore la méthode de doctrine, & qu'il y ait, pour

---

[a] Les Élémens de M. Euler ne reffemblent à aucun de ceux qu'on a faits avant lui. Dans la premiere Partie, l'analyfe déterminée eft traitée avec une méthode fimple, claire, qui eft toute à l'auteur. Seulement la théorie des équations eft quelquefois trop fommaire. Sans doute M. Euler a dédaigné d'entrer dans des détails qui ont été tant rebattus par d'autres ; mais il laiffe des regrets au lecteur qui veut s'inftruire.

L'analyfe indéterminée, qui eft fi peu connue en France, & aux progrès de laquelle MM. Euler & La Grange ont tant contribué, eft l'objet de la feconde Partie, qui eft un chef-d'œuvre, & qui comprend les additions de M. de la Grange. L'excellence de cet Ouvrage vient de la méthode analytique, que ces deux grands géometres connoiffent parfaitement. Ceux qui ne la connoîtront pas, tenteront inutilement d'écrire fur les élémens des fciences.

apprendre les découvertes des autres, un moyen préférable à celui qui nous les feroit faire.

Si l'analyfe eft en général bannie des mathématiques toutes les fois qu'on y peut faire ufage de la fynthefe, il femble qu'on lui ait fermé tout accès dans les autres fciences, & qu'elle ne s'y introduife qu'à l'infçu de ceux qui les traitent. Voilà pourquoi, de tant d'ouvrages des philofophes anciens ou modernes, il y en a fi peu qui foient faits pour inftruire. La vérité eft rarement reconnoiffable, quand l'analyfe ne la montre pas, & qu'au contraire la fynthefe l'enveloppe dans un ramas de notions vagues, d'opinions, d'erreurs, & fe fait un jargon qu'on prend pour la langue des arts & des fciences.

Pour peu qu'on réfléchiffe fur l'analyfe, on reconnoîtra qu'elle doit répandre plus de lumiere à proportion qu'elle eft plus fimple & plus précife ; & fi l'on fe rappelle que l'art de raifonner fe réduit à une langue bien faite, on jugera que la plus grande fimplicité & la plus grande précifion de l'analyfe ne peuvent être que l'effet de la plus grande fimplicité & de la plus grande précifion du langage. Il faut donc nous faire une idée de cette fimplicité & de cette précifion, afin d'en approcher dans toutes nos études autant qu'il fera poffible.

On nomme *fciences exactes* celles où l'on démontre rigoureuſement. Pourquoi donc toutes les ſciences ne ſont-elles pas exactes ? Et s'il en eſt où l'on ne démontre pas rigoureuſement, comment y démontre-t-on ? Sçait-on bien ce qu'on veut dire, quand on ſuppoſe des démonſtrations qui, à la rigueur, ne ſont pas des démonſtrations ?

Une démonſtration n'eſt pas une démonſtration, ou elle en eſt une rigoureuſement. Mais il faut convenir que ſi elle ne parle pas la langue qu'elle doit parler, elle ne paroîtra pas ce qu'elle eſt. Ainſi ce n'eſt pas la faute des ſciences, ſi elles ne démontrent pas rigoureuſement ; c'eſt la faute des ſçavans qui parlent mal.

La langue des mathématiques, l'algebre, eſt la plus ſimple de toutes les langues. N'y aura-t-il donc des démonſtrations qu'en mathématiques ? Et parce que les autres ſciences ne peuvent pas atteindre à la même ſimplicité, ſeront-elles condamnées à ne pouvoir pas être aſſez ſimples pour convaincre qu'elles démonſtrent ce qu'elles démontrent ?

C'eſt l'analyſe qui démontre dans toutes ; & elle y démontre rigoureuſement toutes les fois qu'elle parle la langue qu'elle doit parler. Je ſçais bien qu'on diſtingue différentes eſpeces d'analyſe ; *analyſe logique*, *analyſe métaphyſique*, *analyſe mathématique* : mais il n'y en a qu'une ; & elle eſt la même dans toutes les ſciences, parce que dans toutes elle conduit du connu à l'inconnu par le raisonnement, c'est-à-dire, par une suite de jugemens qui sont renfermés les uns dans les autres. Nous nous ferons une idée du langage qu'elle doit tenir, si nous essayons de résoudre un des problêmes qu'on ne résout d'ordinaire qu'avec le secours de l'algebre. Nous choisirons un des plus faciles, parce qu'il sera plus à notre portée : d'ailleurs il suffira pour développer tout l'artifice du raisonnement.

Problême qui le prou-ve. *Ayant des jetons dans mes deux mains , si j'en fais passer un de la main droite dans la gauche , j'en aurai autant dans l'une que dans l'autre ; & si j'en fais passer un de la gauche dans la droite , j'en aurai le double dans celle-ci.* Je vous demande quel est le nombre de jetons que j'ai dans chacune.

Il ne s'agit pas de deviner ce nombre en faisant des suppositions : il le faut trouver en raisonnant, en allant du connu à l'inconnu par une suite de jugemens.

Il y a ici deux conditions données ; ou, pour parler comme les mathématiciens , il y a deux données : l'une, que si je fais passer un jeton de la main droite dans la gauche, j'en aurai le même nombre dans chacune ; l'autre, que si je fais passer un jeton de la gauche dans la droite, j'en aurai le double dans celle-ci. Or vous voyez que s'il est possible de trouver le nombre que je vous

donne à chercher, ce ne peut être qu'en obfervant les rapports où ces deux données font l'une
à l'autre ; & vous concevez que ces rapports feront plus ou moins fenfibles, fuivant que les
données feront exprimées d'une maniere plus ou
moins fimple.

Si vous difiez : *Le nombre que vous avez dans
la main droite, lorfqu'on en retranche un jeton,
eft égal à celui que vous avez dans la main gauche,
lorfqu'à celui-ci on en ajoute un ;* vous exprime-
riez la premiere donnée avec beaucoup de mots.
Dites donc plus briévement : *Le nombre de votre
main droite diminué d'une unité, eft égal à celui
de votre gauche augmenté d'une unité ;* ou, *Le nombre de votre droite moins une unité, eft égal à
celui de votre gauche plus une unité ;* ou enfin plus
briévement encore, *La droite moins un, égale à
la gauche plus un.*

C'eft ainfi que, de traduction en traduction,
nous arrivons à l'expreffion la plus fimple de la
premiere donnée. Or, plus vous abrégerez votre
difcours, plus vos idées fe rapprocheront ; &
plus elles feront rapprochées, plus il vous fera
facile de les faifir fous tous leurs rapports. Il
nous refte donc à traiter la feconde donnée
comme la premiere ; il la faut traduire dans l'expreffion la plus fimple.

Par la feconde condition du problême, fi je

fais paſſer un jeton de la gauche dans la droite, j'en aurai le double dans celle-ci. Donc le nombre de ma main gauche diminué d'une unité, eſt la moitié de celui de ma main droite augmenté d'une unité ; & par conféquent vous exprimerez la ſeconde donnée en diſant : *Le nombre de votre main droite augmenté d'une unité, eſt égal à deux fois celui de votre gauche diminué d'une unité.*

Vous traduirez cette expreſſion en une autre plus ſimple, ſi vous dites : *La droite augmentée d'une unité, eſt égale à deux gauches diminuées chacune d'une unité ;* & vous arriverez à cette expreſſion, la plus ſimple de toutes, *La droite plus un, égale à deux gauches moins deux.* Voici donc les expreſſions dans leſquelles nous avons traduit les données :

La droite moins un égale à la gauche
plus un ;
La droite plus un égale à deux gauches
moins deux.

Ces ſortes d'expreſſions ſe nomment en mathématiques *équations.* Elles ſont compoſées de deux membres égaux : *La droite moins un* eſt le premier membre de la premiere équation ; *La gauche plus un* eſt le ſecond.

Les quantités inconnues ſont mêlées, dans chacun de ces membres, avec les quantités connues. Les connues ſont *moins un, plus un, moins deux :*

les

les inconnues font *la droite* & *la gauche*, par où vous exprimez les deux nombres que vous cherchez.

Tant que les connues & les inconnues font ainfi mêlées dans chaque membre des équations, il n'eft pas poffible de réfoudre un problême. Mais il ne faut pas un grand effort de réflexion pour remarquer que s'il y a un moyen de tranf-porter les quantités d'un membre dans l'autre fans altérer l'égalité qui eft entre eux, nous pou-vons, en ne laiffant dans un membre qu'une des deux inconnues, la dégager des connues avec lefquelles elle eft mêlée.

Ce moyen s'offre de lui-même : car fi la droite moins un eft égale à la gauche plus un, donc la droite entiere fera égale à la gauche plus deux ; & fi la droite plus un eft égale à deux gauches moins deux, donc la droite feule fera égale à deux gauches moins trois. Vous fubftituerez donc aux deux premieres équations les deux fuivantes :

La droite égale à la gauche plus deux.

La droite égale à deux gauches moins trois.

Le premier membre de ces deux équations eft la même quantité, *la droite* ; & vous voyez que vous connoîtrez cette quantité, lorfque vous connoîtrez la valeur du fecond membre de l'une ou l'autre équation. Mais le fecond membre de

I

la premiere eſt égal au ſecond membre de la
ſeconde, puiſqu'ils ſont égaux l'un & l'autre à la
même quantité exprimée par *la droite*. Vous pou-
vez par conſéquent faire cette troiſieme équation :

La gauche plus deux, égale à deux gauches
moins trois.

Alors il ne vous reſte qu'une inconnue, *la
gauche* ; & vous en connoîtrez la valeur lorſque vous l'aurez dégagée, c'eſt-à-dire, lorſque
vous aurez fait paſſer toutes les connues du même
côté. Vous direz donc :

Deux plus trois, égal à deux gauches
moins une gauche.
Deux plus trois, égal à une gauche.
Cinq égal à une gauche.

Le problême eſt réſolu. Vous avez découvert
que le nombre de jetons que j'ai dans la main
gauche, eſt cinq. Dans les équations, *La droite
égale à la gauche plus deux*, *La droite égale à deux
gauches moins trois*, vous trouverez que ſept eſt
le nombre que j'ai dans la main droite. Or ces
deux nombres, cinq & ſept, ſatisfont aux conditions du problême.

Vous voyez ſenſiblement dans cet exemple
comment la ſimplicité des expreſſions facilite le
raiſonnement ; & vous comprenez que ſi l'analyſe
a beſoin d'un pareil langage, lorſqu'un problême

eft auffi facile que celui que nous venons de réſoudre, elle en a plus beſoin encore lorſque les problêmes ſe compliquent. Auffi l'avantage de l'analyſe en mathématiques vient-il uniquement de ce qu'elle y parle la langue la plus ſimple. Une légere idée de l'algebre ſuffira pour le faire comprendre.

Dans cette langue on n'a pas beſoin de mots. On exprime plus par $+$, moins par $-$, égal par $=$, & on déſigne les quantités par des lettres & par des chiffres. x, par exemple, ſera le nombre de jetons que j'ai dans la main droite, & y celui que j'ai dans la main gauche. Ainſi $x - 1 = y + 1$, ſignifie que le nombre de jetons que j'ai dans la main droite, diminué d'une unité, eſt égal à celui que j'ai dans la main gauche augmenté d'une unité; & $x + 1 = 2y - 2$, ſignifie que le nombre de ma main droite augmenté d'une unité, eſt égal à deux fois celui de ma main gauche diminué d'une unité. Les deux données de notre problême font donc renfermées dans ces deux équations :

$$x - 1 = y + 1,$$
$$x + 1 = 2y - 2,$$

qui deviennent, en dégageant l'inconnue du premier membre ,

$$x = y + 2,$$
$$x = 2y - 3.$$

Des deux derniers membres de ces deux équations nous faisons

$$y + 2 = 2y - 3,$$

qui deviennent succeſſivement

$$2 = 2y - y - 3,$$
$$2 + 3 = 2y - y,$$
$$2 + 3 = y,$$
$$5 = y.$$

Enfin de $x = y + 2$, nous tirons $x = 5 + 2 = 7$; & de $x = 2y - 3$, nous tirons également $x = 10 - 3 = 7$.

L'évidence d'un raiſonnement conſiſte uniquement dans l'identité qui ſe montre d'un jugement à l'autre,

Ce langage algébrique fait appercevoir d'une maniere ſenſible comment les jugemens ſont liés les uns aux autres dans un raiſonnement. On voit que le dernier n'eſt renfermé dans le pénultieme, le pénultieme dans celui qui le précede, & ainſi de ſuite en remontant, que parce que le dernier eſt identique avec le pénultieme, le pénultieme avec celui qui le précede, &c. & l'on reconnoît que cette identité fait toute l'évidence du raiſonnement.

Lorſqu'un raiſonnement ſe développe avec des mots, l'évidence conſiſte également dans l'identité qui eſt ſenſible d'un jugement à l'autre. En effet, la ſuite des jugemens eſt la même, & il n'y a que l'expreſſion qui change. Il faut ſeulement remarquer que l'identité s'apperçoit plus facilement lorſqu'on s'énonce avec des ſignes algébriques.

Mais que l'identité s'apperçoive plus ou moins facilement, il suffit qu'elle se montre, pour être assuré qu'un raisonnement est une démonstration rigoureuse ; & il ne faut pas s'imaginer que les sciences ne sont exactes, & qu'on n'y démontre à la rigueur, que lorsqu'on y parle avec des x, des a & des b. Si quelques-unes ne paroissent pas susceptibles de démonstration, c'est qu'on est dans l'usage de les parler avant d'en avoir fait la langue, & sans se douter même qu'il soit nécessaire de la faire : car toutes auroient la même exactitude, si on les parloit toutes avec des langues bien faites. C'est ainsi que nous avons traité la métaphysique, dans la premiere Partie de cet Ouvrage. Nous n'avons, par exemple, expliqué la génération des facultés de l'ame que parce que nous avons vu qu'elles sont toutes identiques avec la faculté de sentir ; & nos raisonnemens faits avec des mots, sont aussi rigoureusement démontrés que pourroient l'être des raisonnemens faits avec des lettres.

S'il y a donc des sciences peu exactes, ce n'est pas parce qu'on n'y parle pas algebre, c'est parce que les langues en sont mal faites, qu'on ne s'en apperçoit pas, ou que, si l'on s'en doute, on les refait plus mal encore. Faut-il s'étonner qu'on ne sçache pas raisonner, quand la langue des sciences n'est qu'un jargon composé de beau-

Les scien- ces peu exac- tes sont cel- les dont les langues sont mal faites.

coup trop de mots, dont les uns font des mots vulgaires qui n'ont pas de fens déterminé , & les autres des mots étrangers ou barbares qu'on entend mal ? Toutes les fciences feroient exactes, fi nous fçavions parler la langue de chacune.

Tout confirme donc ce que nous avons déja prouvé, que les langues font autant de méthodes analytiques ; que le raifonnement ne fe perfectionne qu'autant qu'elles fe perfectionnent elles-mêmes ; & que l'art de raifonner, réduit à fa plus grande fimplicité , ne peut être qu'une langue bien faite.

Je ne dirai pas avec des mathématiciens, que l'algebre eft une efpece de langue : je dis qu'elle eft une langue , & qu'elle ne peut pas être autre chofe. Vous voyez dans le problême que nous venons de réfoudre, qu'elle eft une langue, dans laquelle nous avons traduit le raifonnement que nous avions fait avec des mots. Or, fi les lettres & les mots expriment le même raifonnement, il eft évident que, puifqu'avec les mots on ne fait que parler une langue, on ne fait auffi que parler une langue avec les lettres.

On feroit la même obfervation fur les problêmes les plus compliqués : car toutes les folutions algébriques offrent le même langage ; c'eft-à-dire, des raifonnemens, ou des jugemens fucceffivement identiques, exprimés avec des lettres.

Mais parce que l'algebre eſt la plus méthodique des langues, & qu'elle développe des raiſonne-mens qu'on ne pourroit traduire dans aucune autre, on s'eſt imaginé qu'elle n'eſt pas une langue à proprement parler ; qu'elle n'en eſt une qu'à certains égards, & qu'elle doit être quelque autre choſe encore.

L'algebre eſt en effet une méthode analytique : mais elle n'en eſt pas moins une langue, ſi toutes les langues ſont elles-mêmes des méthodes ana-lytiques. Or c'eſt, encore un coup, ce qu'elles ſont en effet. Mais l'algebre eſt une preuve bien frap-pante que les progrès des ſciences dépendent uni-quement des progrès des langues ; & que des langues bien faites pourroient ſeules donner à l'analyſe le degré de ſimplicité & de préciſion dont elle eſt ſuſceptible, ſuivant le genre de nos études.

Elles le pourroient, dis-je : car, dans l'art de raiſonner, comme dans l'art de calculer, tout ſe réduit à des compoſitions & à des décompo-ſitions ; & il ne faut pas croire que ce ſoit là deux arts différens.

CHAPITRE VIII.

En quoi confiste tout l'artifice du raifonnement.

Il y a deux chofes dans une queftion à réfoudre ; l'énoncé des données, ou l'état de la queftion ; & le dégagement des inconnues, ou le raifonnement.

LA méthode que nous avons fuivie dans le Chapitre précédent, a pour regle qu'on ne peut découvrir une vérité qu'on ne connoît pas, qu'autant qu'elle fe trouve dans des vérités qui font connues ; & que par conféquent toute queftion à réfoudre fuppofe des données, où les connues & les inconnues font mêlées, comme elles le font en effet dans les données du problême que nous avons réfolu.

Si les données ne renferment pas toutes les connues néceffaires pour découvrir la vérité, le problême eft infoluble. Cette confidération eft la premiere qu'il faudroit faire, & on ne la fait prefque jamais. On raifonne donc mal, parce qu'on ne fçait pas qu'on n'a pas affez de connues pour bien raifonner.

Cependant fi l'on remarquoit que lorfqu'on a toutes les connues, on eft conduit, par un langage clair & précis, à la folution qu'on cherche, on fe douteroit qu'on ne les a pas toutes, lorf-qu'on tient un langage obfcur & confus qui ne conduit à rien. On chercheroit à mieux parler, afin de mieux raifonner, & l'on apprendroit combien ces deux chofes dépendent l'une de l'autre.

Rien n'eft plus fimple que le raifonnement, lorfque les données renferment toutes les connues néceffaires à la découverte de la vérité : nous venons de le voir. Il ne faudroit pas dire que la queftion que nous nous fommes propofée, étoit facile à réfoudre : car la maniere de raifonner eft une ; elle ne change point, elle ne peut changer, & l'objet du raifonnement change feul à chaque nouvelle queftion qu'on fe propofe. Dans les plus difficiles, il faut, comme dans les plus faciles, aller du connu à l'inconnu. Il faut donc que les données renferment toutes les connues néceffaires à la folution ; & quand elles les renferment, il ne refte plus qu'à énoncer ces données d'une maniere affez fimple pour dégager les inconnues avec la plus grande facilité poffible.

Il y a donc deux chofes dans une queftion ; l'énoncé des données, & le dégagement des inconnues.

L'énoncé des données eft proprement ce qu'on entend par l'état de la queftion, & le dégagement des inconnues eft le raifonnement qui la réfout.

Lorfque je vous ai propofé de découvrir le nombre de jetons que j'avois dans chaque main, j'ai énoncé toutes les données dont vous aviez befoin ; & il femble par conféquent que j'aie établi moi-

Ce qu'on doit entendre par l'état de la queftion.

même l'état de la queſtion. Mais mon langage *ne* préparoit pas la ſolution du problême. C'eſt pourquoi, au lieu de vous en tenir à répéter mon énoncé mot pour mot, vous l'avez fait paſſer par différentes traductions, juſqu'à ce que vous ſoyez arrivé à l'expreſſion la plus ſimple. Alors le raiſonnement s'eſt fait en quelque ſorte tout ſeul, parce que les inconnues ſe ſont dégagées comme d'elles-mêmes. Etablir l'état d'une queſtion, c'eſt donc proprement traduire les données dans l'expreſſion la plus ſimple, parce que c'eſt l'expreſſion la plus ſimple qui facilite le raiſonnement, en facilitant le dégagement des inconnues.

Mais, dira-t-on, c'eſt ainſi qu'on raiſonne en mathématiques, où le raiſonnement ſe fait avec des équations. En ſera-t-il de même dans les autres ſciences, où le raiſonnement ſe fait avec des propoſitions ? Je réponds qu'*équations, propoſitions, jugemens,* ſont au fond la même choſe, & que par conſéquent on raiſonne de la même maniere dans toutes les ſciences.

En mathématiques, celui qui propoſe une queſtion, la propoſe d'ordinaire avec toutes ſes données ; & il ne s'agit, pour la réſoudre, que de la traduire en algebre. Dans les autres ſciences, au contraire, il ſemble qu'une queſtion ne ſe propoſe jamais avec toutes ſes données. On vous demandera, par exemple, quelle eft l'origine & la génération des facultés de l'entendement humain, & on vous laiffera les données à chercher, parce que celui qui fait la queftion, ne les connoît pas lui-même.

Mais quoique nous ayons à chercher les données, il n'en faudroit pas conclure qu'elles ne font pas renfermées au moins implicitement dans la queftion qu'on propofe. Si elles n'y étoient pas, nous ne les trouverions pas ; & cependant elles doivent fe trouver dans toute queftion qu'on peut réfoudre. Il faut feulement remarquer qu'elles n'y font pas toujours d'une maniere à être facilement reconnues. Par conféquent les trouver, c'eft les démêler dans une expreffion où elles ne font qu'implicitement ; & pour réfoudre la queftion, il faut traduire cette expreffion dans une autre où toutes les données fe montrent d'une maniere explicite & diftincte.

Or, demander quelle eft l'origine & la génération des facultés de l'entendement humain, c'eft demander quelle eft l'origine & la génération des facultés par lefquelles l'homme capable de fenfations conçoit les chofes en s'en formant des idées ; & on voit auffi-tôt que l'attention, la comparaifon, le jugement, la réflexion, l'imagination & le raifonnement font, avec les fenfations, les connues du problême à réfoudre,

& que l'origine & la génération font les inconnues. Voilà les données, dans lefquelles les connues font mêlées avec les inconnues.

Mais comment dégager l'origine & la génération, qui font ici les inconnues ? Rien n'eft plus
fimple. Par l'origine, nous entendons la connue
qui eft le principe ou le commencement de toutes
les autres ; & par la génération, nous entendons
la maniere dont toutes les connues viennent d'une
premiere. Cette premiere , qui m'eft connue
comme faculté , ne m'eft pas connue encore
comme premiere. Elle eft donc proprement l'inconnue qui eft mêlée avec toutes les connues,
& qu'il s'agit de dégager. Or la plus légere obfervation me fait remarquer que la faculté de
fentir eft mêlée avec toutes les autres. La fenfation eft donc l'inconnue que nous avons à dégager , pour découvrir comment elle devient
fucceffivement attention, comparaifon , jugement , &c. C'eft ce que nous avons fait , &
nous avons vu que , comme les équations
$x - 1 = y + 1$, & $x + 1 = 2y - 2$, paffent
par différentes transformations pour devenir
$y = 5$, & $x = 7$; la fenfation paffe également
par différentes transformations pour devenir l'entendement.

. L'artifice du raifonnement eft donc le même
dans toutes les fciences. Comme , en mathéma-

tiques, on établit la queſtion en la traduiſant en algebre; dans les autres ſciences, on l'établit en la traduiſant dans l'expreſſion la plus ſimple; & quand la queſtion eſt établie, le raiſonnement qui la réſout n'eſt encore lui-même qu'une ſuite de traductions, où une propoſition qui traduit celle qui la précede, eſt traduite par celle qui la ſuit. C'eſt ainſi que l'évidence paſſe avec l'identité depuis l'énoncé de la queſtion juſqu'à la concluſion du raiſonnement.

CHAPITRE IX.

Des différens degrés de certitude ; ou de l'évidence, des conjectures & de l'analogie.

JE ne ferai qu'indiquer les différens degrés de certitude, & je renvois à l'Art de raiſonner, qui eſt proprement le développement de tout ce Chapitre.

L'évidence dont nous venons de parler, & que je nomme *évidence de raiſon*, conſiſte uniquement dans l'identité : c'eſt ce que nous avons démontré. Il faut que cette vérité ſoit bien ſimple, pour avoir échappé à tous les philoſophes, quoiqu'ils euſſent tant d'intérêt à s'aſſurer de l'évidence, dont ils avoient continuellement le mot dans la bouche.

Au défaut de l'évidence de raiſon, nous avons l'évidence de fait & l'évidence de ſentiment.

Je fçais qu'un triangle eft évidemment une furface terminée par trois lignes, parce que, pour quiconque entend la valeur des termes, *furface terminée par trois lignes*, eft la même chofe que *triangle*. Or, dès que je fçais évidemment ce que c'eft qu'un triangle, j'en connois l'effence; & je puis dans cette effence découvrir toutes les propriétés de cette figure.

Je verrois également toutes les propriétés de l'or dans fon effence, fi je la connoiffois. Sa pefanteur, fa ductilité, fa malléabilité, &c. ne feroient que fon effence même qui fe transformeroit, & qui, dans fes transformations, m'offriroit différens phénomenes; & j'en pourrois découvrir toutes les propriétés par un raifonnement qui ne feroit qu'une fuite de propofitions identiques. Mais ce n'eft pas ainfi que je le connois. A la vérité chaque propofition que je fais fur ce métal, fi elle eft vraie, eft identique. Telle eft celle-ci, *L'or eft malléable :* car elle fignifie, *Un corps que j'ai obfervé être malléable, & que je nomme* or, *eft malléable :* propofition où la même idée eft affirmée d'elle-même.

Lorfque je fais fur un corps plufieurs propofitions également vraies, j'affirme donc dans chacune le même du même : mais je n'apperçois point d'identité d'une propofition à l'autre. Quoique la pefanteur, la ductilité, la malléabilité ne foient vraifemblablement qu'une même chofe qui fe transforme différemment, je ne le vois pas. Je ne fçaurois donc arriver à la connoiffance de ces phénomenes par l'évidence de raifon : je ne les connois qu'après les avoir obfervés, & j'appelle *évidence de fait* la certitude que j'en ai.

Je pourrois également appeller évidence de fait la connoiffance certaine des phénomenes que j'obferve en moi : mais je la nomme *évidence de fentiment*, parce que c'eft par le fentiment que ces fortes de faits me font connus.

Puifque les qualités abfolues des corps font hors de la portée de nos fens, & que nous n'en pouvons connoître que des qualités relatives, il s'enfuit que tout fait que nous découvrons, n'eft autre chofe qu'un rapport connu. Cependant dire que les corps ont des qualités relatives, c'eft dire qu'ils font quelque chofe les uns par rapport aux autres; & dire qu'ils font quelque chofe les uns par rapport aux autres, c'eft dire qu'ils font chacun quelque chofe, indépendamment de tout rapport, quelque chofe d'abfolu. L'évidence de raifon nous apprend donc qu'il y a des qualités abfolues, & par conféquent des corps ; mais elle ne nous apprend que leur exiftence.

Par *phénomenes*, on entend proprement les faits qui font une fuite des loix de la nature ; & ces loix font elles-mêmes autant de faits. L'objet de la phyſique eſt de connoître ces phénomenes, ces loix, & d'en ſaiſir, s'il eſt poſſible, le ſyſtême.

A cet effet, on donne une attention particuliere aux phénomenes ; on les conſidere dans tous leurs rapports, on ne laiſſe échapper aucune circonſtance ; & lorſqu'on s'en eſt aſſuré par des obſervations bien faites, on leur donne encore le nom d'*obſervations.*

Mais, pour les découvrir, il ne ſuffit pas toujours d'obſerver ; il faut encore, par différens moyens, les dégager de tout ce qui les cache, les rapprocher de nous, & les mettre à la portée de notre vue : c'eſt ce qu'on nomme des expériences. Telle eſt la différence qu'il faut mettre entre *phénomenes, obſervations, expériences.*

Uſage des conjectures.

Il eſt rare qu'on arrive tout-à-coup à l'évidence : dans toutes les ſciences & dans tous les arts, on a commencé par une eſpece de tâtonnement.

D'après des vérités connues, on en ſoupçonne dont on ne s'aſſure pas encore. Ces ſoupçons ſont fondés ſur des circonſtances qui indiquent moins le vrai que le vraiſemblable : mais ils nous mettent ſouvent dans le chemin des découvertes, parce qu'ils nous apprennent ce que nous avons à obſerver. C'eſt là ce qu'on entend par *conjecturer.*

Les

Les conjectures font dans le plus foible degré, lorfqu'on n'affure une chofe que parce qu'on ne voit pas pourquoi elle ne feroit pas. Si l'on peut s'en permettre de cette efpece, ce ne doit être que comme des fuppofitions qui ont befoin d'être confirmées. Il refte donc à faire des obfervations ou des expériences.

Nous paroiffons fondés à croire que la nature agit par les voies les plus fimples. En conféquence les philofophes font portés à juger que, de plufieurs moyens dont une chofe peut être produite, la nature doit avoir choifi ceux qu'ils imaginent les plus fimples. Il eft évident qu'une pareille conjecture n'aura de la force qu'autant que nous ferons capables de connoître tous les moyens, & de juger de leur fimplicité ; ce qui ne peut être que fort rare [*a*].

Les conjectures font entre l'évidence & l'analogie, qui n'eft fouvent elle-même qu'une foible conjecture. Il faut donc diftinguer dans l'analogie différens degrés, fuivant qu'elle eft fondée fur des rapports de reffemblance, fur des rapports à la fin, ou fur des rapports des caufes aux effets, & des effets aux caufes.

L'analogie a différens degrés de certitude.

La terre eft habitée : donc les planetes le font.

[*a*] Quant à l'ufage des conjectures dans l'étude de l'Hiftoire, voyez *Cours d'Etude*, *Hift. anc. l.* 1, *ch.* 3... 8.

K

Voilà la plus foible des analogies, parce qu'elle n'eft fondée que fur un rapport de reffemblance.

Mais fi on remarque que les planetes ont des révolutions diurnes & annuelles, & que par conféquent leurs parties font fucceffivement éclairées & échauffées, ces précautions ne paroiffent-elles pas avoir été prifes pour la confervation de quelques habitans ? Cette analogie, qui eft fondée fur le rapport des moyens à la fin, a donc plus de force que la premiere. Cependant fi elle prouve que la terre n'eft pas feule habitée, elle ne prouve pas que toutes les planetes le foient : car ce que l'Auteur de la nature répete dans plufieurs parties de l'univers pour une même fin, il fe peut qu'il ne le permette quelquefois que comme une fuite du fyftême général : il fe peut encore qu'une révolution faffe un défert d'une planete habitée.

L'analogie qui eft fondée fur le rapport des effets à la caufe, ou de la caufe aux effets, eft celle qui a le plus de force : elle devient même une démonftration, lorfqu'elle eft confirmée par le concours de toutes les circonftances.

C'eft une évidence de fait qu'il y a fur la terre des révolutions diurnes & annuelles ; & c'eft une évidence de raifon que ces révolutions peuvent être produites par le mouvement de la terre, par celui du foleil, ou par tous les deux.

Mais nous obfervons que les planetes décrivent des orbites autour du foleil, & nous nous affurons également par l'évidence de fait, que quelques-unes ont un mouvement de rotation fur leur axe plus ou moins incliné. Or il eft d'évidence de raifon que cette double révolution doit néceffairement produire des jours, des faifons & des années : donc la terre a une double révolution, puifqu'elle a des jours, des faifons, des années.

Cette analogie fuppofe que les mêmes effets ont les mêmes caufes ; fuppofition qui, étant confirmée par de nouvelles analogies, & par de nouvelles obfervations, ne pourra plus être révoquée en doute. C'eft ainfi que les bons philofophes fe font conduits. Si l'on veut apprendre à raifonner comme eux, le meilleur moyen eft d'étudier les découvertes qui ont été faites depuis Galilée jufqu'à Newton. (*Cours d'Etude, Art de raifonner. Hiftoire moderne, liv. dernier, ch. 5 & fuivans.*)

C'eft encore ainfi que nous avons effayé de raifonner dans cet Ouvrage. Nous avons obfervé la nature, & nous avons appris d'elle l'analyfe. Avec cette méthode nous nous fommes étudiés nous-mêmes ; & ayant découvert, par une fuite de propofitions identiques, que nos idées & nos facultés ne font que la fenfation qui prend différentes formes, nous nous fommes affurés de l'origine & de la génération des unes & des autres.

Nous avons remarqué que le développement de nos idées & de nos facultés ne fe fait que par le moyen des figres, & ne fe feroit point fans eux ; que par conféquent notre maniere de raifonner ne peut fe corriger qu'en corrigeant le langage, & que tout l'art fe réduit à bien faire la langue de chaque fcience.

Enfin nous avons prouvé que les premieres langues, à leur origine, ont été bien faites, parce que la métaphyfique qui préfidoit à leur forma-tion, n'étoit pas une fcience comme aujourd'hui, mais un inftinct donné par la nature.

C'eft donc de la nature que nous devons apprendre la vraie logique. Voilà quel a été mon objet, & cet Ouvrage en eft devenu plus neuf, plus fimple & plus court. La nature ne manquera jamais d'inftruire quiconque fçaura l'étudier : elle inftruit d'autant mieux, qu'elle parle toujours le langage le plus précis. Nous ferions bien habiles, fi nous fçavions parler avec la même précifion : mais nous verbiageons trop pour raifonner toujours bien.

Je crois devoir ajouter ici quelques avis aux jeunes perfonnes qui voudront étudier cette Logique.

Puifque tout l'art de raifonner fe réduit à bien faire la langue de chaque fcience, il eft évident que l'étude d'une fcience bien traitée fe réduit à l'étude d'une langue bien faite.

Mais apprendre une langue, c'eft fe la rendre familiere ; ce qui ne peut être que l'effet d'un long ufage. Il faut donc lire avec réflexion, à plufieurs reprifes, parler fur ce qu'on a lu, & relire encore, pour s'affurer d'avoir bien parlé.

On entendra facilement les premiers Chapitres de cette Logique : mais fi, parce qu'on les entend, on croit pouvoir aller tout-à-coup à d'autres, on ira trop vîte. On ne doit paffer à un nouveau Chapitre, qu'après s'être approprié & les idées & le langage de ceux qui le précedent. Si l'on tient une autre conduite, on n'entendra plus avec la même facilité, & quelquefois on n'entendra point du tout.

Un plus grand inconvénient, c'eft qu'on entendra mal, parce qu'on fera de fon langage, dont on confervera quelque chofe, & du mien, qu'on croira prendre, un jargon inintelligible. Voilà fur-tout ce qui arrivera à ceux qui fe croient inftruits, ou parce qu'ils ont fait une étude de ce qu'on nomme fouvent bien mal-à-propos philofophie, ou parce qu'ils l'ont enfeigné. De quelque maniere qu'ils me lifent, il leur fera bien difficile d'oublier ce qu'ils ont appris, pour n'ap-

Avis aux jeunes perfonnes qui voudront étudier cette Logique.

prendre que ce que j'enſeigne. Ils dédaigneront
de recommencer avec moi : ils feront peu de cas
de mon Ouvrage , s'ils s'apperçoivent qu'ils ne
l'entendent pas ; & s'ils s'imaginent l'entendre ,
il en feront peu de cas encore, parce qu'ils l'entendront à leur maniere , & qu'ils croiront n'a-
voir rien appris. Il eſt fort commun parmi ceux
qui ſe jugent ſçavans, de ne voir dans les meilleurs livres que ce qu'ils ſçavent, & par conſéquent de les lire ſans rien apprendre : ils ne
voient rien de neuf dans un ouvrage où tout eſt
neuf pour eux.

Auſſi n'écris-je que pour les ignorans. Comme
ils ne parlent les langues d'aucune ſcience , il
leur ſera plus facile d'apprendre la mienne : elle
eſt plus à leur portée qu'aucune autre , parce que
je l'ai appriſe de la nature , qui leur parlera
comme à moi.

Mais s'ils trouvent des endroits qui les arrê-
tent , qu'ils ſe gardent bien d'interroger des ſçavans tels que ceux dont je viens de parler : ils
feront mieux d'interroger d'autres ignorans qui
m'auront lu avec intelligence.

Qu'ils ſe diſent : *Dans cet Ouvrage , on ne
va que du connu à l'inconnu : donc la difficulté
d'entendre un Chapitre vient uniquement de ce que
les Chapitres précédens ne me ſont pas aſſez familiers.* Alors ils jugeront qu'ils doivent revenir

fur leurs pas ; & s'ils ont la patience de le faire ,
ils m'entendront fans avoir befoin de confulter
perfonne. On n'entend jamais mieux que lorfqu'on
entend fans fecours étrangers.

Cette Logique eft courte, & par conféquent
elle n'eft pas effrayante. Pour la lire avec la réflexion qu'elle demande , il n'y faudra mettre
que le temps qu'on perdroit à lire une autre
Logique.

Quand une fois on la fçaura ; & par la fçavoir, j'entends qu'on foit en état de la parler
facilement , & de pouvoir au befoin la refaire :
quand on la fçaura , dis-je, on pourra lire avec
moins de lenteur les livres où les fciences font
bien traitées , & quelquefois on s'inftruira par
des lectures rapides. Car , pour aller rapidement
de connoiffance en connoiffance, il fuffit de s'être
approprié la méthode qui eft l'unique bonne, &
qui par conféquent eft la même dans toutes
les fciences.

La facilité que donnera cette Logique, on
l'acquerra également en étudiant les leçons pré-
liminaires de mon Cours d'Etude , fi l'on y joint
la premiere partie de la Grammaire. Ces études
ayant été bien faites , on entendra facilement tous
mes autres Ouvrages.

Mais je veux encore prévenir les jeunes gens
contre un préjugé qui doit être naturel à ceux

qui commencent. Parce qu'une méthode pour raisonner doit nous apprendre à raisonner, nous sommes portés à croire qu'à chaque raisonnement, la premiere chose devroit être de penser aux regles d'après lesquelles il doit se faire, & nous nous trompons. Ce n'est pas à nous à penser aux regles, c'est à elles à nous conduire sans que nous y pensions. On ne parleroit pas, si, avant de commencer chaque phrase, il falloit s'occuper de la grammaire. Or l'art de raisonner, comme toutes les langues, ne se parle bien qu'autant qu'il se parle naturellement. Méditez la méthode, & méditez-la beaucoup ; mais n'y pensez plus, quand vous voudrez penser à autre chose. Quelque jour elle vous deviendra familiere : alors, toujours avec vous, elle observera vos pensées, qui iront seules, & elle veillera sur elles pour leur empêcher tout écart : c'est tout ce que vous devez attendre de la méthode. Les garde-fous ne se mettent pas le long des précipices pour faire marcher le voyageur, mais pour empêcher qu'il ne se précipite.

Si, dans les commencemens, vous avez quelque peine à vous rendre familiere la méthode que j'enseigne, ce n'est pas qu'elle soit difficile : elle ne sçauroit l'être, puisqu'elle est naturelle. Mais elle l'est devenue pour vous, dont les mauvaises habitudes ont corrompu la nature. Dé-

faites-

faites-vous donc de ces habitudes, & vous rai-
fonnerez naturellement bien.

Il femble que j'aurois dû donner ces avis avant
le commencement de cette Logique : mais on ne
les auroit pas entendus. D'ailleurs, pour ceux
qui l'auront fçu lire dès la premiere fois, ils font
auffi bien à la fin ; & ils y font bien auffi pour
les autres, qui en fentiront mieux le befoin qu'ils
en ont.

F I N.

cas de récidive, & de tous dépens, dommages & intérêts, conformément à l'Arrêt du Conseil du 30 Août 1777, concernant les Contrefaçons : A la charge que ces préfentes feront enregiftrées tout au long fur le Regiftre de la Communauté des Imprimeurs & Libraires de Paris, dans trois mois de la date d'icelles ; que l'impreffion dudit Ouvrage fera faite dans notre Royaume, & non ailleurs, en beau papier & beaux caracteres, conformément aux Réglemens de la Librairie, à peine de déchéance du préfent Privilege ; qu'avant de l'expofer en vente, le manufcrit qui aura fervi de copie à l'impreffion dudit Ouvrage, fera remis, dans le même état où l'Approbation y aura été donnée, ès mains de notre très-cher & féal Chevalier, Garde des Sceaux de France, le fieur HUE DE MIROMÉNIL ; qu'il en fera enfuite remis deux exemplaires dans notre Bibliotheque publique, un dans celle de notre Château du Louvre, un dans celle de notre très-cher & féal Chevalier, Chancelier de France, le fieur DE MAUPEOU, & un dans celle dudit fieur HUE DE MIROMÉNIL ; le tout à peine de nullité des préfentes ; du contenu defquelles vous mandons & enjoignons de faire jouir ledit Expofant & fes hoirs pleinement & paifiblement, fans fouffrir qu'il leur foit fait aucun trouble ou empêchement. VOULONS que la copie des préfentes, qui fera imprimée tout au long, au commencement ou à la fin dudit Ouvrage, foit tenue pour duement fignifiée ; & qu'aux copies collationnées par l'un de nos amés & féaux Confeillers-Secrétaires, foi foit ajoutée comme à l'original. COMMANDONS au premier notre Hulffier ou Sergent fur ce requis, de faire pour l'exécution d'icelles tous actes requis & néceffaires, fans demander autre permiffion, & nonobftant clameur de Haro, charte Normande, & Lettres à ce contraires : Car tel eft notre plaifir. DONNÉ à Paris, le treizieme jour du mois de Mai, l'an de grace mil fept cent foixante-dix-huit, & de notre notre regne le cinquieme.

PAR LE ROI EN SON CONSEIL,

Signé LE BEGUE.

Regiftré fur le Regiftre XX de la Chambre Royale & Syndicale des Libraires & Imprimeurs de Paris, N°. 1301, fol. 541, conformément aux difpofitions énoncées dans le préfent Privilege, & à la charge de remettre à ladite Chambre les huit Exemplaires prefcrits par l'Article CVIII du Réglement de 1723. A Paris, ce 16 Mai 1778.

Signé A. M. LOTTIN l'ainé, *Syndic.*

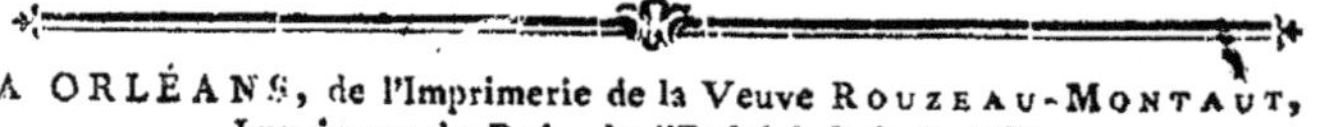

A ORLÉANS, de l'Imprimerie de la Veuve ROUZEAU-MONTAUT, Imprimeur du Roi, de l'Evêché & de la Ville.